2024年“中学生英才计划”导师培养案例集

中国科协青少年科技中心　编

科学普及出版社
·北　京·

图书在版编目（CIP）数据

2024年“中学生英才计划”导师培养案例集 / 中国科协青少年科技中心编 . -- 北京 : 科学普及出版社 , 2025. 4. -- ISBN 978-7-110-10940-3

Ⅰ. G635.5

中国国家版本馆 CIP 数据核字第 2025EB1644 号

策划编辑 胡　怡
责任编辑 孔美慧
封面设计 中文天地
正文设计 中文天地
责任校对 吕传新
责任印制 马宇晨

出　　版 科学普及出版社
发　　行 中国科学技术出版社有限公司
地　　址 北京市海淀区中关村南大街 16 号
邮　　编 100081
发行电话 010-62173865
传　　真 010-62173081
网　　址 http://www.cspbooks.com.cn

开　　本 787mm × 1092mm　1/16
字　　数 276 千字
印　　张 20.75
版　　次 2025 年 4 月第 1 版
印　　次 2025 年 4 月第 1 次印刷
印　　刷 北京世纪恒宇印刷有限公司
书　　号 ISBN 978-7-110-10940-3 / G · 4433
定　　价 128.00 元

（凡购买本社图书，如有缺页、倒页、脱页者，本社销售中心负责调换）

编 委 会

顾　问

王恩哥　北京大学原校长，中国科学院原副院长，中国科学院院士

杨玉良　复旦大学原校长，中国科学院院士

田　刚　北京大学北京国际数学研究中心主任，中国科学院院士，美国人文与科学院外籍院士

薛其坤　南方科技大学党委副书记、校长，中国科学院院士

包信和　中国科学技术大学原校长，中国科学院院士

施一公　中国科协副主席，西湖大学校长，中国科学院院士

陈　杰　哈尔滨工业大学党委书记，中国工程院院士

主　编

辛　兵　中国科协青少年科技中心主任，中国青少年科技教育工作者协会党委书记，研究员

副主编

王松光　中国科协青少年科技中心副主任

杨彩虹　中国科协青少年科技中心副主任

赵崇海　中国科协青少年科技中心副主任

编　委

季士治　董　操　王翠玉　茅羽佳　王晓萌　张守鹏　舒建兰

蔡永健

序　言

自《中学生英才计划导师培养案例集》首次付梓，已是两载有余。在这段时光里，科学研究的浪潮滚滚向前，科技创新的活力于华夏大地蓬勃激荡。此案例集自问世起，便承载着众人的期许，幸不负所望，收获各方赞誉。无论是躬耕科研一线的导师，还是心怀科学梦想的学生；无论是高校，还是中学，皆对其给予充分肯定。尤其是导师群体反馈，这本案例集为深入实施“中学生英才计划”、培育中学生科技创新后备人才，搭建起一座经验交流的珍贵桥梁，使育人之路上众人得以相互借鉴、并肩同行。

习近平总书记指出，加强基础研究是实现高水平科技自立自强的迫切要求，是建设世界科技强国的必由之路，明确提出要深入实施“中学生英才计划”。党的二十届三中全会作出统筹推进教育科技人才体制机制一体改革的重大部署，强调加强基础学科、新兴学科、交叉学科建设和拔尖人才培养，着力加强创新能力培养，提升创新能力。2024 年底新修订的《中华人民共和国科学技术普及法》明确提出要探索基础教育到高等教育的贯通式培养模式,《教育强国建设规划纲要（2024—2035 年）》强调强化基础研究的前瞻性和战略性布局，促进学科交叉融合，为解决国家重大战略需求提供源头支撑。

“中学生英才计划”作为唯一的国家级科技创新后备人才培养项目，紧密围绕科技强国、人才强国战略，通过创新培养模式，激发学生科学兴趣、推动优质资源辐射等，有效衔接大学教育与高中教育，为我国基础研究人才培养注入澎湃动力、提供后备力量。在中国科协、教育部的共同推动下，这一意义深远的科技创新后备人才培养计划持续发展壮大，工作模式在全国范围逐步推广，参与高校数量稳步递增，更多力量汇聚其中，让更多学生得以踏上科学探索的征程，收获成长与进步。浙江省、江苏省等27个省份参照“中学生英才计划”模式，积极开展本地区科技创新后备人才培养工作，加快构建高质量科技创新后备人才培养体系，为心怀科学梦想的高中生开启通往科学研究的大门。

人才培养是一项需长期沉淀与耐心浇灌的伟大事业，在“中学生英才计划”的实施进程中，导师肩负着至关重要的使命。他们不仅是知识的传播者，更是学生成长路上的引路人，以自身学识、经验与热忱，照亮学生科学道路的前行方向。导师们持续创新与无私奉献，紧密贴合新时代中学生的特点与需求，运用多元培养方法，从理论知识的透彻讲解，到实践操作的悉心指导，全方位助力学生成长。本书收录了来自不同高校和学科的56位导师，他们培养学生的创新实践，是“中学生英才计划”的生动写照，也是对基础研究人才培养探索的深刻总结。这些案例不仅记录学生科研成长的足迹，更展现导师们的育人智慧与敬业精神。每个案例独具特色，却都共同指向一个伟大目标：培育更多具备创新能力与科学精神的优秀人才，为我国科技事业的蓬勃发展贡献力量。

衷心期望这本案例集的出版，能为广大教育工作者提供科技创新后备人才培养的有益参考。期待广大青少年学生能从这些案例中汲取奋进力量，坚定科学梦想，勇敢追求真理。期盼更多社会力量关注并投身科技创新后备人才培养工作，共同营造良好生态，为实现我国科技自主创新和人才自主培养携手共进、贡献力量。

中学生英才计划专家咨询委员会主任

北京大学原校长，中国科学院原副院长，中国科学院院士

王恩哥

2025年3月

立德育英才，师者引航灯

启智传薪火，合作勇创新

矢志扶后学，为国储人才

立德育英才，师者引航灯

不断探索和优化“中学生英才计划”学生培养模式

北京大学　张研

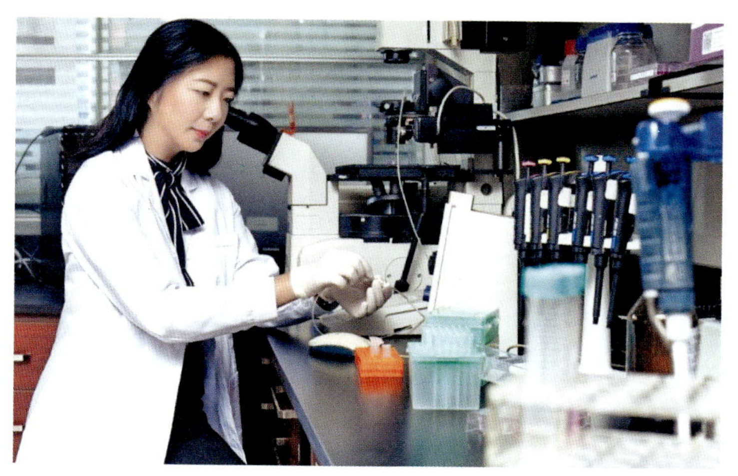

张研 供职于北京大学生命科学学院，担任“中学生英才计划”生物学科的导师。入选教育部新世纪优秀人才计划，国家杰出青年科学基金获得者，第十四届中国青年女科学家奖获得者。长期从事神经退行性疾病，特别是阿尔茨海默病的发病机理研究工作。近 10 年来在国际著名的神经生物学和细胞生物学期刊 *Neuron*、*PNAS* 等发表学术论文 70 余篇。担任北京生理科学学会常务理事、阿尔茨海默病防治协会理事，为诸多国际期刊审稿并担任有影响力的专业期刊的编委。

张研教授的实验室自2021年参与“中学生英才计划”以来，共培养了15名学生。这些品学兼优、学有余力的中学生走进大学，在北京大学生命科学学院神经科学实验室的老师和研究生的指导下参加科学研究、学术研讨和科研实践，使中学生体验科研过程、激发科学兴趣、提高创新能力、树立科学志向，进而发现一批具有学科特长、创新潜质的优秀中学生。

坚持理念，多措并举完善培养模式

张研教授团队不断探索和优化培养模式，以适应新时代科技创新人才的需求。“以学生为中心”的教育理念强调学生的主体地位，提倡教育活动应从学生的需求出发，促进学生的全面发展。这种理念在科学教育中尤为重要，因为它有助于激发学生的好奇心和探索欲，培养学生的科学精神和创新能力。在“中学生英才计划”的培养过程中，张研教授始终坚持“以学生为中心”的教育理念，采用探究式、讨论式等互动教学方法，鼓励学生主动参与学习过程，通过实践活动和科学实验来深化理解。

在“以学生为中心”的培养理念的基础上，团队根据学生的兴趣和特点出发，制订个性化的培养方案，使学生能够实质性参与科学研究，从而激发对基础学科的兴趣。团队鼓励学生自主提出科学问题，论证可行性，遇到问题主动思考解决方案。例如，北京师范大学附属实验中学的黄茵之同学从事神经元轴突起始节在阿尔茨海默病中的作用的研究项目时，发现在家族性阿尔茨海默病突变携带者中，神经元存在着早期的发育缺陷，轴突起始节部位的结构和功能异常在阿尔茨海默病的发生过程中发挥着重要作用。黄茵之同学因为第一期“中学生英才计划”的工作激发了她对科研的兴趣，所以成功地申请了延期培养，并利用第二期“中学生英才计划”继续其研究工作。又例如，中国人民大学附属中学的陈嘉元同学利用学校研修课时段和课余时间积极参与实验项目，在两个学期内，完成了对于轴突起始节在生理和病理状态下的可塑性的探究，提升了自身发现科学问题和解决实际问题的能力。再例如，北京师范大学附属实验中学的武奕铭同学对阿尔茨海默病发生的分子机制具有浓厚的兴趣，在阅读了大量的科学文献的基础上，自主提出了科学问题，并初步设计了实验方案。经过为期一年的培养和训练，武奕铭同学的项目取得了很好的进展。

重视衔接，努力实现“中学生英才计划”与拔尖人才的贯通培养

在培养学生的过程中，张研教授体会到，做好大中衔接是拔尖人才培养的重要环节。党的二十大报告指出，要“着力造就拔尖创新人才”。党的十八大作出了实施创新驱动发展战略的重大部署。党的十九届五中全会明确提出，“十四五”期间，要坚持创新在我国现代化建设全局中的核心地位。创新的根基在人才，当今世界的综合国力竞争说到底是人才的竞争，人才越来越成为推动经济社会发展的战略性资源。人才的培养主要靠教育，因而在新发展阶段，教育的基础性、先导性、全局性地位和作用更加凸显。近年来，国家高度重视拔尖创新人才培养工作，通过推进考试招生制度改革，实施“中学生英才计划”“强基计划”等举措，鼓励高校、科研机构与中学联合探索拔尖创新人才培养的有效模式和工作机制。

人才的培养不是一蹴而就，而是需要数年乃至数十年的长期、连贯的投入，才能取得较好的成效。拔尖人才的培养更是如此，需要基础教育阶段和高等教育阶段的紧密配合。然而，目前我国的基础教育和高等教育之间的衔接不够紧密连贯，这既不利于国家的未来战略的实施，也不利于学生的终身学习和发展。拔尖人才培养是一项具有连续性和系统性的工程，加强不同学段的衔接协同工作应

是拔尖人才培养的当务之急。建立专门的以数学、科学教育为特色的高中，是一种重要的组织形式。在小学、初中阶段以兴趣培养、能力定向、潜力开发为目标的系统培养的基础上，科学高中能够让那些高天赋和资优学生深入发展在某一科学领域的兴趣，筑牢知识基础，培养探究能力，也能够更好地与高校的专业教育、研究训练相结合，真正实现拔尖人才的贯通培养、重心下移。高校与中学有效联合，向上向下有序衔接，打通大学与中学创新人才贯通制培养的壁垒是强化培养学生创新性思维的重要举措。

▲ 黄茵之同学参与小鼠毛色观察实验

发掘潜力，针对不同“英才”学生实施差异化培养

基础教育所培养的“三好”式人才和“高考状元”类人才，并不完全等同于我们所说的拔尖创新人才。创造能力、突破精神与考试分数之间没有必然的因果关联。创造性思维基于实践、始于问题，创新能力是在不断解决实践问题的过程中锻炼培养出来的。学生创新能力的提高，不是全靠教师的讲解或掌握书本上

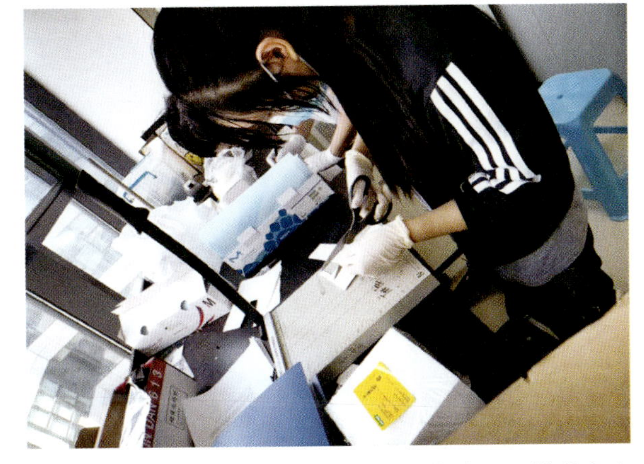

▲ 黄茵之同学参与免疫印记转膜实验

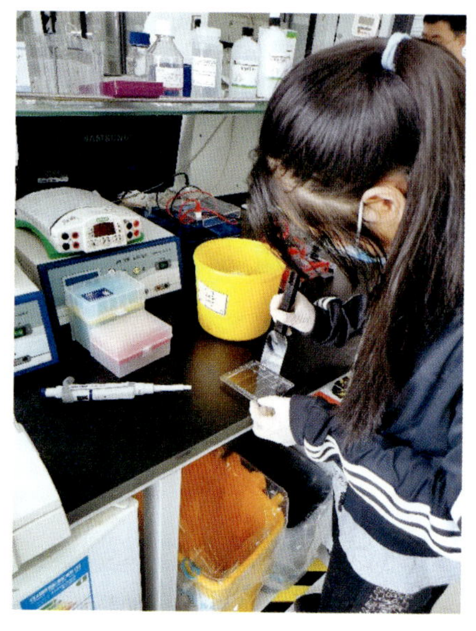
▲ 黄茵之同学进行免疫荧光染色实验

的知识或间接经验获得的，而更多是通过自己的探究和体验得来的。“中学生英才计划”发掘每一名学生的潜力，遵循因材施教原则，努力实施差别化培养，让包括有潜质的创造型人才在内的所有学生都能发挥个性特长，自主自由地生长。“中学生英才计划”积极引领建构善待个性、宽容特异、激励特长、富于安全感的文化氛围，对学生开展个性化、定制式培养，坚持“尊重多元选择，促进高水平基础上的差异发展”的原则，师生间平等对话，学生间互助互学，使得师生在观念的沟通和思维的碰撞中，触发灵感、激励创新，达到教学相长。“中学生英才计划”着力于培养学生的自主精神、公民意识、人文情怀、科学态度和领袖意识，培养学生的学习能力和思维能力。通过“中学生英才计划”，学生在课题研究中，通过实验、操作、调查、信息收集与处理、表达与交流等活动，经历探究过程从而掌握解决问题的方法，加深对知识的理解和对科学探究的热情。

为明日英才成长播下科学的种子

清华大学　王晓锋

王晓锋供职于清华大学，担任“中学生英才计划”物理学科的导师。曾任北京天文馆馆长（2019—2023年），主要从事恒星及其高能爆发现象的研究。系统开展了恒星演化末期产生各类超新星爆发的观测性质、前身星物理、爆炸机制及宇宙学应用等方面的研究。在国际顶级杂志上发表论文200多篇（含*Science* 1篇、*Nature* 3篇、*Nature Astronomy* 6篇），被引用1.3万多次。曾入选国家级人才项目，研究成果曾获评中国天文十大科技进展，获中国天文学会黄授书奖、腾讯“科学探索奖”等奖项。

优化培养模式，提升综合能力

天文学是观测驱动的基础学科，王晓锋研究团队从事的是与天文观测密切相关的时域天文学，属于新兴天文学前沿方向。同时，当今天文学已经成为一个多学科交叉科学，涉及物理、数学、工程学、计算机科学等多个学科，具有多学科知识高度交叉融合的特点。立足于这一特点，导师团队总结和凝练了一套从学科知识准备、选题讨论、文献调研、中期进展及结题汇报的全过程科研训练模式，使学生在参加“中学生英才计划”培养期间综合能力得到了全面提升：不仅体验了科学研究全流程，提高了专业知识、学科素养及表达沟通能力，更是了解到在科学发现中创新意识、严谨作风和坚持不懈努力等因素的重要性。

发挥团队资源优势，坚持多元培养模式

1. 充分依托设备和数据资源优势

导师培养团队运行和负责多台野外台站的天文观测设备，如“清华大学－马化腾巡天望远镜”（TMTS）等，这为满足不同学生的研究兴趣提供了大量丰富的一手科学观测数据，有的还是国际上没有的独特数据。同时，导师团队也有在大口径望远镜上进行重要天文观测研究的机会。其利用假期安排学生实地参观望远镜台站，让他们熟悉科学设施的运行，同时创造学生参与前沿课题的天文观测和发现的机会。例如在某一年春节前夕，培养团队台站实践活动安排在了望远镜观测时间节点，当晚所有同学都参与了一颗重要超新星的观测认证，他们的名字因此登上了国际天文电报中，这极大激发了学生的科学兴趣。

▲ 清华大学-马化腾巡天望远镜（TMTS）

▲ 学生在2.16米望远镜控制室观测实习

2. 建立培养团队进行综合全面指导

除导师团队成员之外，培养团队在培养中还针对学生的兴趣特别邀请和吸纳外校的老师和研究人员一起参与指导。如白宇馨同学对行星大气的研究比较感兴趣，为了进行更有针对性的培养，在她确定选题后，团队邀请了中国地质大学相关方向的老师对她进行了更有针对性的指导。为了拓展学生的研究选题范围，团队近些年还邀请了北京天文馆一线科研人员一起参与指导，使得每名学生基本上能得到更具体的一对一指导。

3. 坚持兴趣导向和项目导向结合的培养模式

培养团队在培养中坚持兴趣导向和项目导向相结合的模式。入选的学生中有些学生天文知识储备较多，研究方向和目标也较明确，在导师团队的适当引导下能较快地开展研究课题。针对这部分同学，导师团队指导其获取数据，或者利用团队设备帮助其获取研究所需的观测数据、安装分析软件、数据分析、结论导出及论文写作等。另一部分同学在入选时仅对所选学科表现出浓厚兴趣，但缺乏相应知识储备，并不能快速确定课题方向。导师团队通过“天体物理前沿”雨课堂课程，线上线下参与学术报告前沿讲座等形式使得学生有机会进一步学习专业课，了解天体物理领域前沿与发展现状，全面拓展学生对天文学科的认知，进一步巩固和加强学生的科研兴趣。

注重科研过程培养，点燃探索星空梦想

1. 注重过程培养

导师培养团队每月开展一次课题线下交流汇报活动，覆盖前期的“学科知识基础和前沿”讲解、文献调研、选题讨论、课题实施、中期进展、问题分析及解决，以及终期汇报等过程。以上每一个过程的实施都有助于提高学生各方面的能力。以选题讨论为例，学生给出开题报告后，导师及团队依据课题的可行性和意义提出修改意见，学生根据意见进一步了解课题的背景和存在的问题，并调

▲ 王晓锋导师和学生在清华大学物理系会议室进行线下交流活动

整方向。在课题的开展过程中，导师会安排团队内具有丰富经验的博士后老师对学生进行具体的一对一指导和解答，显著提高了他们分析问题与解决问题的能力。例如，恒星演化程序的成功安装和使用使得一部分“英才”学生掌握了通常只有到研究生阶段才能掌握的恒星演化的理论分析技能，这为其进行有意义的科学探索提供了关键工具。全过程的培养能让学生充分体验科学研究中的每一个环节，形成较好的逻辑思维和创新能力，培养了其在研究过程中不畏困难、勇攀高峰的精神，以及对科学事业的热爱。

2. 培养成效显著

在团队近10年的“中学生英才计划”培养中，多名学生取得了突出的成绩并获评优秀学生，在北京青少年科技创新大赛等赛事中获得了优异的成绩。多名学生在经过选拔后参加了中国科协青少年国际科技交流项目冬令营，甚至代表中国参加英特尔国际科学与工程大奖赛（Intel ISEF）。经过“中学生英才计划”的科研训练，不少学生在报考大学时因此选择了天文学专业，并考入了北京大学、北京师范大学及国外著名的大学的天文系。以学生史佳瑞为例，她在“中学生英才计划”的总结中写道：“‘中学生英才计划’的培养让我在物理和计算机方面进行了学习与探索，我对天体物理方面（尤其是恒星物理）的理解更深了一层。此外，我还结识了不同学校但同样对天体物理感兴趣的同学们，有时我们还一起讨论问题。我感受到了导师及其团队老师们对科学事业的热爱、对真理的渴望与追求，以及对生活持有的乐观积极的态度，这些都在很大程度上感染了我，坚定了我从事科研的梦想。”在培养过程中感染并影响有志于科学事业的学生们，也许是“中学生英才计划”实施的另一种收获。

乐在其中，让数学探索“永动”起来

北京航空航天大学　韩德仁

韩德仁 供职于北京航空航天大学，担任“中学生英才计划”数学学科的导师。教育部数学类专业教学指导委员会秘书长、中国运筹学会副理事长。从事大规模优化问题、变分不等式问题的数值方法的研究工作，发表学术论文100余篇。主持国家自然科学基金重点项目、国家级人才基金项目等，曾获中国运筹学会青年科技奖、江苏省科学技术奖等。担任《数值计算与计算机应用》、*Journal of the Operations Research Society of China*、*Journal of Global Optimization* 等多部学术期刊编委。

激发兴趣的培养模式

数学常被认为是一门枯燥的学科，为改变这一刻板印象，韩德仁团队制订了以兴趣为中心的培养模式，旨在展示数学特别是运筹学的魅力与实用性，激发学生的学习兴趣和创新能力。

首先，团队通过趣味性引导，激发学生对运筹学的兴趣。团队为学生提供“趣味运筹学”等趣味数学丛书，用贴近生活的小故事激发学生的好奇心，并引导他们自主寻找问题、思考问题，体验科研的严谨与乐趣。同时，团队注重数学文化和数学史的融入，通过讲座和交流分享数学的历史、理论之美及哲学意义，增强学生的情感连接和认同感。

个性化指导和长期培养是团队的另一个关注点。每名学生在确定研究课题后，都将获得一对一的指导，导师将根据学生的兴趣和能力，提供个性化的学习计划和研究指导。这种方法不仅能确保学生在学术上得到充分的支持，还能帮助他们在遇到学习挑战时获得必要的指导和鼓励。长期而持续的关注和支持，使学生能够在学术探索中不断进步，逐渐形成独立解决问题的能力。

此外，团队还组织学生参观航空博物馆等科技展览，拓展他们的想象力和创新思维，让他们直观感受数学与工程、物理等领域的联系。这种亲身体验的学习方式

▲ 学生参观北京航空航天博物馆

不仅丰富了学生的知识，还激发了他们探索未知的热情。

通过趣味引导、文化融入、个性化指导和实践活动，团队将学习变成了探索与发现的过程。学生不仅在数学中找到乐趣，更掌握了运用数学工具解决实际问题的能力，培养了创新精神和终身学习的热情。这种教育模式关注学生个性化需求与长远发展，激发了他们的内在动力。

科研方法与创新思维的培养

在“中学生英才计划”培养过程中，韩德仁团队采用一系列教学策略，引导学生理解科研的全过程，从而培养他们的科研方法及创新思维。这一过程不仅涉及问题的观察与识别，还包括问题的深入分析、假设的提出、实验的设计与执行，以及最终的成果形成。通过这一连贯的步骤，学生能够全面掌握科研的本质，并学会如何通过运筹学方法来解决实际问题。

在研究初期，团队导师们会通过实际案例教学，帮助学生识别和定义科研问题。例如，他们通过分析快递箱选址问题，引导学生从需求、地理位置、成本效益等方面识别研究关键点。随后，学生学习相关数学知识，掌握数据收集、建模和数值实验等科研方法。在梯度下降法的学习中，学生不仅需理解算法原理，还要通过编程实践掌握其在优化问题中的应用。

团队注重培养学生的创新能力。导师鼓励学生批判性思考现有理论，探索新方法。例如，在集装箱装箱问题中，学生被鼓励尝试新型优化技术，以提高效率。科研不仅是解决问题，更是推动科学前沿发展的过程。

这种教育方式使学生在掌握科研工具的同时，树立科研思维，包括问题导向、逻辑推理、批判分析和创新能力。在长期训练中，学生逐渐形成独立思考与自主研究的能力。这种模式不仅让学生感受到数学的乐趣，还让他们的探索充满活力。

优秀学生培养案例

潘天屹同学是“中学生英才计划”的优秀学生之一，他于2022年加入团队，在团队指导下取得了显著的进步。团队为每名同学提供了趣味数学丛书“趣味运筹学”，许多关于运筹学的小故事激发了潘天屹同学对运筹学的热情。通过每周线上讨论和每月线下交流，潘天屹同学在与导师充分交流的同时，得到了由点到面的实际指导。这种个性化的培养方式激发了他对数学等基础学科的探索兴趣，并培养了他的创新意识和科学思维能力。

团队鼓励同学从更贴近实际生活的角度甄选研究课题和方向。潘天屹同学从运筹学的角度从生活中寻找例子和突破点。因学校位于北京朝外商圈，周边写字楼、社区集中，地铁、公交等交通工具发达。他发现，人们通常选用“公共交通＋共享单车”的模式通勤，于是确定了以“北京地铁站周边投放共享单车”为研究课题。他将根据地铁站客流量对共享单车的需求量进行预测作为研究方向，对区域内客流量与共享单车需求量建立模型关系，为后续共享单车的生产、调度、报废等问题提供数据支撑。潘天屹同学撰写的数学建模论文《对北京地铁站周边投放共享单车的研究分析》荣获“第二届高中数学建模（应用）能力展示活动”全国一等奖、“第十四届中学生数理

▲ 韩德仁导师（右）和潘天屹同学（左）合照

化综合实践活动”北京市一等奖。

2023 年，潘天屹同学申请继续接受培养并通过审核，加入团队，进一步探索运筹学理论，积极从生活中寻找研究点，确定了以停车泊位最优化解决方案为研究方向，撰写了建模论文《智能机器人停车泊位最优路径的研究分析》。他基于停车场的实际情况，结合未来智能停车场与停车库的发展，建立停车场结构模型，在对路网抽象分析为带权有向图后，转化最优路径问题为最短路径问题。他通过对最优化算法分析比较，计算规划出每辆车与每个空闲车位相对应的最优化存取车路径及距离。

最终，潘天屹同学撰写的数学建模论文《智能机器人停车泊位最优路径的研究分析》成功入围“第三届高中数学建模（应用）能力展示活动”全国总决赛，并通过复审、笔试及现场答辩环节，作为 40 篇优秀论文之一从全国 15 个地区的 3 万余名参赛学生上报的 2200 余篇论文中脱颖而出，荣获三项全国大奖——数学建模论文全国一等奖、应用能力测试全国一等奖、综合成绩全国一等奖。他被评为 2023 年度“中学生英才计划”优秀学生。

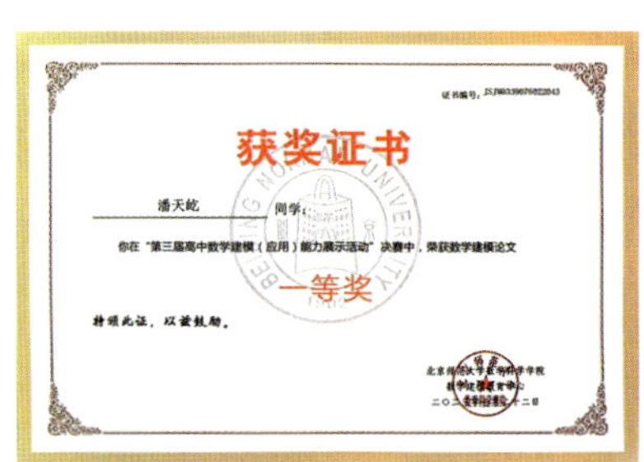
获奖证书

潘天屹 同学：

你在“第三届高中数学建模（应用）能力展示活动”决赛中，荣获数学建模论文

一等奖

特颁此证，以资鼓励。

▲ 潘天屹同学荣获数学建模论文全国一等奖

潘天屹同学的成长不仅体现在学术成就上，更体现在他敢于攻坚克难的精神上。这些经历为他未来的高校学习和科研工作奠定了坚实基础。他的成功案例充分体现了“中学生英才计划”的培养模式对学生兴趣激发、科研能力提升及创新精神塑造的显著成效。

培养学生基于计算思维的科学素养

北京航空航天大学　牛建伟

导师简介

牛建伟 供职于北京航空航天大学，担任“中学生英才计划”计算机学科的导师。全国优秀科技教师，科技部重点研发计划首席专家，浙江省全省工业大数据与机器人智能系统重点实验室主任。入选教育部“新世纪优秀人才支持计划”，获得教育部技术发明奖一等奖、北京市教学成果一等奖、国防科技进步奖一等奖。近年来主持了国家自然基金、重点研发计划、国家科技支撑计划、国家“863 计划”和企业合作等 30 多项课题。在国内外期刊和学术会议上发表学术论文 300 余篇，已培养研究生 80 余名。

科技前沿引领，启迪智慧

▲ 牛建伟教授在“科技耀京城”活动上开展科普讲座

近年来，随着人工智能和大模型技术的迅速发展，人工智能赋能机器人技术（具身智能）逐渐成为学术界和产业界的研究热点。越来越多的中学生将智能机器人作为研究选题，尝试在这一前沿领域中探索和创新。在这种背景下，牛建伟教授凭借其在人工智能、具身智能机器人等领域的深厚研究经验和丰富的教学背景，引领了一批中学生进入这一新兴领域。

具身智能机器人作为科研载体，直观性强、操作性强、贴近日常生活，十分适合刚刚踏入科研大门的中学生，容易引起中学生们的科研兴趣。以智能机器人为载体进行计算机领域的应用研究，学生能够“看得见、摸得着”地理解计算机科学，并通过实践操作，逐步加深对项目的理解。这种强实践性的学习方式，能激发学生们的好奇心和创新意识，培养他们解决实际问题的能力。

充分依托优质资源，高起点开展科学研究

在牛建伟教授的带领下，导师团队专注于学生的理论学习和实践能力培养，并且利用高校的优质科研资源，整合先进的实验设备及丰富的教育资源，学生能够在更高的起点上开展研究。

实验室有多种具身智能机器人可作为学生学习与研究平台，学

生可以亲自操作机器人，在实践中开展研究工作。这种实践方式可帮助学生巩固已学的计算机知识，并将已学的知识应用于实际的科研项目中，进一步加深对计算机学科的理解。

激发学生兴趣，培养未来科学家

导师团队以学生的兴趣为出发点，结合研究团队在人工智能技术和智能机器人技术方面的丰富经验，引导他们广泛阅读相关文献，并通过鼓励他们将科研与实际生活问题相结合，帮助学生找到合适的研究方向。

▲ 牛建伟教授与学生面对面交流

在研究过程中，导师团队鼓励学生大胆思考，尊重每名学生的想法，鼓励学生表达，并通过实验去验证。学生能够在探索过程中逐渐明确自己的兴趣点，并在导师的指导下，将这一兴趣转化为更具体、更有针对性的科研选题。

从兴趣到志向的培养过程中，学生可以在学术上获得进步，在探索科学的过程中体会到成就感和满足感。导师团队通过结合实际问题和前沿技术，鼓励学生将兴趣转化为志向，并进一步将志向发展为科研能力。这种因材施教的培养模式，为他们未来成为优秀的科学家奠定了坚实的基础。

全链条培养科研能力，严格把控培养过程

高中时期是人生观和价值观形成的关键阶段，通过深入体验高

校实验室和与导师的近距离接触，学生们能够更清晰地认识到科学的魅力和科学家肩负的社会责任。

导师团队采用全程贯穿的培养模式，将专业知识学习与科研训练有机结合，确保学生在参与项目的过程中同步提升学术素养与科研能力。通过“文献研读—选题—科技实践—成果汇报”这一完整科研流程，学生在学到计算机专业前沿知识的同时，还可获得宝贵的科研实践经验。

在每年的招生工作结束后，导师团队会组织新生参与“师生见面会”，深入了解每名学生的想法和需求，并制订寒假学习任务。任务通常包括学习学科基础知识和研读文献，旨在帮助学生顺利过渡到科研活动中，为后续研究打下坚实基础。

新学期开学后，学生需独立完成开题报告。导师在评审过程中，会针对每名学生的报告提供详细的修改意见，进一步优化研究方案。开题过程帮助学生掌握了科学表达与学术写作的能力，也为他们在专业领域的思考提供了宝贵的指导。

在完成选题的过程中，学生要阅读大量文献，深入地思考和分析问题。导师团队通过一对一的指导，帮助他们优化研究方案，将学生模糊的想法逐步具象为创新研究点，激发他们的科研热情，并通过循序渐进的培养方法，逐步提升他们在科学研究中的自信心和创新能力。

▲ 牛建伟教授与新入选的学生一对一交流

在实验阶段，导师安排经验丰富的博士研究生作为助教，进行一对一的指导。这可以让学生系统学习学科知识，也能显著提升他们的科研技能。学生通过参与实验室定期举行的学术交流与研讨会，能够深化对学科的认知，提升分析与解决问题的能力。每周一到两次的学习互动，确保学生在研究过程中得到及时的技术支持与反馈。

在“中学生英才计划”的全程培养下，学生最终能够完成实验数据和实验结果的分析，并在导师团队的协助下进行学术成果总结，顺利进行结题答辩。通过这一系统化的培养模式，学生不仅系统掌握了科研方法、体验了科研全流程，还逐步掌握了科学研究所需的逻辑思维和学术表达能力。在实验过程中，他们也培养了不畏艰难、勇于挑战的精神，这为他们未来进入高校进一步学习及进行科研工作奠定了坚实的基础。

积极投身科普活动，科学之花生根发芽

“中学生英才计划”不仅在推动科学教育普及方面发挥着重要作用，更在培养下一代科学家、工程师和创新人才的过程中具有深远的社会意义。它通过引导学生参与人工智能、具身智能等前沿领域的研究，激发他们的好奇心和探索欲望，为社会源源不断地输送具有科学素养和创新精神的年轻人才。与此同时，科普活动通过实践教学，帮助学生将抽象的科学概念与现实生活中的问题相联系，使他们能够更好地理解科学技术对社会发展的影响。

牛建伟教授参加了“科技耀京城”“院士专家讲科学”等系列青少年科普活动，走进校园、走进大众书店，为广大民众开展前沿科普教育，希望能够通过这种方式，引导更多的青少年能够正确认识科学、理解科学和喜欢科学，进而推动社会的进步与发展。

历经十载，人才培养结硕果

自 2014 年加入“中学生英才计划”以来，牛建伟教授已经培养

▲ 牛建伟教授在“院士专家讲科学”活动中为北京一六一中学的学生们开展科学讲座

了 40 多名学生。他们在参加“中学生英才计划”培养期间，取得了突出的研究成果：刘子豪同学在“国际科学与工程大奖赛（ISEF）”中获得三等奖、北京青少年科技创新大赛青少年科技创新成果一等奖；王雨轩同学通过两年期的“中学生英才计划”学习获得了“全国青少年科技创新大赛”一等奖、北京青少年科技创新市长奖、“明天小小科学家”一等奖和中国少年科学院小院士等奖励活动；高镜尧同学荣获亚洲生物医学未来领袖大赛二等奖、“登峰杯”全国中学生学术作品竞赛一等奖；更有多名同学获评“中学生英才计划”优秀学生或进入了“中学生英才计划”全国学生交流活动。

个性化培养，因材施教

南开大学　顾沛

顾沛　供职于南开大学数学科学学院，担任“中学生英才计划”数学学科的导师。自1986年数学大师陈省身先生创办南开大学数学试点班以来，被聘请在该班做教学和管理工作，成果较为丰硕。曾任数学专业主任、数学系系主任，1998年3月至2007年1月任数学科学学院副院长，其中有3年任常务副院长。2012年初被南开大学聘为“资深教授”。历任天津市数学会的法人代表、常务副理事长、教育部数学与统计学教学指导委员会副主任。2014年以来，受聘“中学生英才计划”指导教师，至今培养高中生50余人。

激发学生科研兴趣

顾沛团队自 2013 年开始参加“中学生英才计划”以来，一共培养了 50 多名学生，2024 年总共选拔出 5 名学生进入“中学生英才计划”培养团队。他们分别是：天津市南开中学滨海生态城学校的 2023 级高中生陈翊昂，天津市耀华中学的 2023 级高中生董一菡，天津市第二中学的 2023 级高中生王昱然，天津市南开中学的 2023 级高中生邓开文，天津市新华中学的 2023 级高中生张家宁。

顾沛导师团队以激发学生科研兴趣为导向，从让学生观看顾沛教授的慕课“数学文化十讲”开始，让学生寻找出自己感兴趣的数学知识。在过去的活动中，该团队还邀请来自南开大学数学科学学院的各位优秀教授、博导，给学生进行培养讲座，进而再次激发学生对数学的兴趣。

▲ 拜师仪式结束后，顾沛教授给2024年的新学生布置学习计划

线上线下模式相结合，提升学生数学素养

▲ 顾沛导师团队帮助学生们解决在数学的学习中所遇到的问题

5名高一学生自拜师活动结束后，参加了导师团队组织的每两周一次的培养活动。在具体培养过程中，导师团队采用线上线下相结合的方式对学生进行培养。数学是一门抽象的学科，并不像物理、化学那样有非常丰富的实验科学，所以数学的培养主要是通过笔和纸，还有计算机进行辅助。每一名学生在过去的一年的时间里，都丰富了自己的数学经验，这也是大家十分愿意看到的。

学术培养效果

学生陈翊昂来自天津市南开中学滨海生态城学校，可以说是5名录取的学生当中距离南开大学最远的学生了。因为每一次线下活动都是在晚上七点开始，所以该学生都是要顶着晚高峰来到南开大学。该学生的积极性确实很高，也是在整体表现中最优秀的学生了，更是导师团队所评出来的优秀学生。该学生思维缜密、逻辑清晰，每一次的活动都能带着问题过来，在导师团队的讲解之下，他的数学素养有所提升。在汇报过程中，该学生有了更精进的提升，团队十分期待他未来的发展。

学生王昱然是天津市第二中学的一名高一学生，是学生团队的两名女生之一。该学生在“中学生英才计划”培养初期虽发言较少，但其努力、上进，参加活动积极。在导师团队的鼓励和帮助下，这名学生在过去一年的活动中提升了很多，得到了导师团队的肯定。“当初看顾沛教授的课程时，才发现数学之魅力更在于它可以用简洁的公式归纳出复杂事物的规律。在跟随顾沛教授学习的一年中，最大的收获不仅是新的定理和公式，更是获得了‘在抽象中寻找具象，在混沌中发现结构’的思维能力，我也终于理解了顾沛教授在给我们上第一节课时说的话：‘真正的数学不仅在书上，更在生活中。’这份能够解开迷雾见本质的能力也将永远指引我在数学的道路上前行。”王昱然说道。

学生董一菡来自天津市耀华中学，能认真完成导师团队布置的每一项任务，完成质量也很好。该学生比较聪明，能够发现自己感兴趣的点，做成演示文稿，向导师团队进行汇报。在过去一年的活动中，该学生也有了很大的提高，导师团队也很肯定她的发展。

学生张家宁来自天津市新华中学，是成长日志写得最多的学生。有任何的想法，他都会提交成长日志，导师团队也很认真地读了该学生的成长日志。该学生在整体的活动中，充分地展示了自己的特点，导师团队十分期待他进行汇报。该学生思维缜密，适合学习理科，具备缜密的逻辑推理能力，让团队很期待他未来的发展。该学生整体表现优秀，也是导师团队推选出来的两名优秀学生之一。“在英才计划的这段学习旅程中，我有幸遇到了顾沛教授这样一位优秀的导师，他的指导和帮助让我在数学学习和学术道路上迈出了坚实的一步。我深知，这段经历将成为我人生中宝贵的财富和回忆。在未来的日子里，我将继续努力学习和探索数学之美，以更加优异的成绩和成果来回报顾沛教授的辛勤付出和无私奉献。同时，我也期待着有机会再次与顾沛教授交流和学习，共同在数学的世界里遨游。”张家宁说道。

学生邓开文来自天津市南开中学。在整体的培养中，该学生积极参与活动，导师团队能看到他的整体发展。该学生的家长也与导师团队联系密切，家长和团队的多层次关注，促成了他的成长。在过去一年的时间里，导师团队感受到了该学生的进步。“每次的数学学科交流活动，顾沛教授总是早早地来到会议室，时常读一张报纸，等我们陆续到齐时便会向我们了解学校的学习和生活日常。顾沛教授对每次交流时的细节一丝不苟。例如交流展示时用到的数学符号，常常出现课内数学书没有的内容，教授便会耐心地指出我们的错误，教我们怎么使用规范的数学语言。有时遇到比较难的问题，我没有理解，顾教授会慢下来再讲一遍，将复杂的内容拆分，给我们介绍相关的资料书籍，辅助我们理解。”邓开文说道。

学生杨以宁来自天津外国语大学附属外国语学校，经过“中学生英才计划”的培养，有了深刻体会：“2022 年对我来说是意义非凡的一年，我有幸考入并参加了南开大学的‘中学生英才计划’，使我的高中学习变得丰富多彩起来。在为期一年的数学学科的培养中，我有幸聆听了很多数学大师的讲座，与许多对数学有着同样浓厚兴趣的同学交流想法。在此期间，我对基础几何学产生了极大的兴趣，并且在建筑、自然等方面进行了深入的探讨与研究。我利用应用大数据等数学工具去协作完成的《关于后疫情时代改善中青老就业现状的提案》最后以本组选票第一获得市级推

▲ 顾沛导师（第一排中）、李建新老师（第一排左）、学生助管张衡（第一排右）与学生的合照

优。总之，短短一年的‘中学生英才计划’使我受益匪浅，开拓了我的视野，培养了我缜密的思维。数学是一种语言、一种财富、一种力量，生活中我们无处不用数学，在人类社会发展中数学发挥着不可替代的作用，它是打开科学之门的钥匙。让我们学好数学，一起向未来。”（以上内容来自2022年的“英才风采”）

因材施教，激发学生自己的兴趣，持续培养，终可让学生见到“数学之美”，投身于数学学科人才培养队伍之列。

激发潜能，筑梦英才

吉林大学　邹勃

导师简介

邹勃 供职于吉林大学物理学院，担任“中学生英才计划”物理学科的导师。国家杰出青年科学基金获得者，科技部重点研发专项首席科学家，中国真空学会常务理事，中国化学会高压化学专业委员会副主任，中国化学会光化学专业委员会委员，爱思唯尔“中国高被引学者”。在 *Nat. Commun.*、*J. Am. Chem. Soc.*、*Angew. Chem. Int. Ed.* 等知名期刊发表 SCI 论文 400 余篇，被引用 20000 余次，H 指数为 71。

聚焦兴趣导向，激发创新潜质

在“中学生英才计划”培养过程中，邹勃教授注重学生的兴趣导向，从中学生的兴趣和特点出发，遵循因材施教原则，使学生实际参与科学研究，养成自主学习、深思求源、追求卓越的好习惯；提升学生自主发现问题、分析问题并解决问题的能力，激发学生对基础学科的兴趣。导师团队采取线上线下交流沟通的方式，根据学生的学习时间和导师的教学安排，通过微信、电子邮件、线上会议与讲座的方式进行沟通交流；同时增加线下参观、线下授课等面对面教学交流，进行科研实践，立足科学前沿和国家重大战略需求，结合吉林大学超硬材料国家重点实验室学科特色优势，着重培养学生的创新能力，激发学生的创新潜质。

依托优势资源，培养科学素养

导师团队组织入选“中学生英才计划”的学生进入学校进行参观践学、科学实验及学习交流等线下培养活动。为了让学生们能够真实体验，亲身接触科学研究，邹勃教授在吉林大学超硬材料国家重点实验室为学生们进行了一个半小时的“高压物理前沿”学术报告，并对学生们提出殷切的希望，希望他们能够抓住这次机遇，在探求未知物理世界中，取得重大成就，为国家的繁荣富强做出应有的贡献。邹勃教授为学生们系统讲授了高压物理学科的发展前沿，极大地引起了

▲ 邹勃教授进行“高压物理前沿”讲座

同学们对于高压物理学科的兴趣。现场问答互动不仅解决了学生们对于知识的疑惑，也为学生们打开了全新的科研思路。

▲ 邹勃教授团队带领学生参观实验室，了解仪器使用方法

除了举办讲座，开拓学生思路外，导师团队还组织学生参观超硬材料国家重点实验室的高压原位拉曼光谱、紫外可见吸收光谱和荧光光谱实验室，使学生能够更清晰直观地对高压物性研究的表征手段进行初步的了解和认识。他们同时安排课题组内的博士研究生带领学生进行初步的高压实验探索，带领学生们初探高压的世界。导师团队为学生们展示进行高压实验的金刚石对顶砧压机，并指导其进行高压实验的准备工作，包括压片和打孔等实验基础工作。这些实验准备工作能够锻炼学生们的细心、耐心和韧性，培养他们的实践动手能力。经过亲身体验，激发他们对科研的兴趣，树立科学志向。此外，参观纳米材料合成实验室时，学生们知道了合成实验的操作方法和安全规则。而综合极端条件高压科学中心的参观学习，使同学们了解到另一种高压产生装置——高温高压大腔体压机。综合极端条件高压科学中心是专门进行高温高压大体积材料体系研究的国家级科技基础设施，具有世界领先的大腔体压机。学生们为我国科学研究取得的成就深深折服，参观综合极端条件高压科学中心增强了学生们的民族自豪感，树立了他们的科学信心。

此外，导师团队还组织学生线下参观了吉林省著名高科技企业“长光卫星技术股份有限公司”，学生们在参观过程中深入了解了卫星的运行原理。这种书上的知识以实物的形式展现到面前的感触是十分深刻的，直接接触这样高精尖的科学技术也让这些年轻的学生对我国科技的发展有了更深层次的认识，这更加激起了学生们的科学兴趣。这样的参观学习开阔了学生的眼界，增长了见闻，为早日成为合格的国家科技后备人才奠定了基础。

灵活培养方案，鼓励自主探索

▲ 邹勃教授团队带领学生参观长光卫星

在学生的培养过程中存在一个共性问题，即很难调节学生们高强度的日常高中学习安排与“中学生英才计划”培养活动的平衡。学生们只能将少部分精力和时间放在培养活动中。针对这种情况，邹勃教授在学生培养过程中不设立明确课题，只是给学生提供各类学科知识供学生自由探索选择课题，并与导师团队进行深入沟通和讨论，最终建立各自的物理思维和创新思维，完善可行性报告。

导师团队主要通过发送文献、线上科研讲座等教学方式，让学生熟悉相关研究领域的背景知识及最新进展。学生们通过文献的阅读，自己找到兴趣点，并与导师沟通初步的研究探索方向。这有利于调动学生的好奇心，培养自学能力，激发创造性，培养独立自主地进行文献调研和整理资料的能力。导师团队定期将学校的相关学术报告、论坛等活动通知给学生，让学生根据自己的时间安排，尽量多参加学术活动，聆听专家报告，增长见闻，更加直观地接收相关领域的前沿学术成果，为以后的科研学习工作奠定基础。学生们对于各种学术报告都表现出了积极的态度，能够积极参与。

随着培养的进行，学生们对物理知识的积累取得了大幅度的提升，同时也对科学研究工作产生了浓厚的兴趣，基本掌握了自主学习、查阅文献、整理知识的能力，也树立了各自的科学研究志向。他们的成长令人欣慰，希望学生们带着在“中学生英才计划”的培养活动中的收获与感悟迈向光明的未来，为祖国的建设、民族的复兴贡献自己的一份力量。

以兴趣为翼，引领英才成长之路

厦门大学　侯旭

导师简介

侯旭 供职于厦门大学，担任"中学生英才计划"化学学科的导师。中国化学会会士、英国皇家化学会会士、国际先进材料协会会士，国家杰出青年科学基金获得者。侯旭教授所引领原创的"液体门控技术"与"仿生纳流离子学"两度入选了世界权威组织——国际纯粹与应用化学联合会（IUPAC）的全球"化学领域十大新兴技术"。侯旭教授注重科研与科普结合，曾受邀作为中央电视台科教频道《百家讲坛》栏目科学公开课的主讲人，曾获全国创新争先奖、"科学探索奖"、全国科普工作先进工作者称号等。

▲ 部分学生培养证书

自2017年，侯旭教授已培养29名来自厦门、泉州、漳州、晋江等地的优秀高中生。其中，杨文凯、易轩宇、吴鸿宇3名同学入选“全国优秀学生”。侯旭教授所培养的优秀学生已被清华大学、北京大学、上海交通大学、复旦大学等顶尖学府录取，侯旭教授也被评为“中学生英才计划”优秀导师。

激发兴趣，播下梦想的种子

面对这些充满好奇心的年轻学子，侯旭教授既感到欣慰，又意识到了肩负的责任。侯旭教授深知在科研这条漫长且充满挑战的道路上，唯有浓厚的兴趣才能支撑他们跨越重重困难，持续前行。因此，侯旭教授的培养理念便是以学生的兴趣为出发点，通过多样化的教学手段和实践活动，激发他们的好奇心和探索欲，引导他们主动走进科学的殿堂，发现其中的奥秘与乐趣。

每一届的英才计划学生在确定具体的课题方向之前，都会先组织一次师生见面会。在见面会上，侯旭教授会向学生们介绍自己的学习与科研之路，通过分享自己的学术经历向学生们展示青年科技工作者的成长过程，让他们对科学研究有一个更为立体的认识和感受。同时，侯旭教授会介绍课题组的两个研究方向——“液体门控技术”和“仿生纳流离子学”的仿生灵感来源，引导同学们留心观察身边的科学现象，激发他们观察生活并深入探索的兴趣，在他们的心中埋下一颗科学探索的种子。

师生见面会后，侯旭教授还会带领学生们参观实验室，为他们逐一讲解实验室中仪器设备的名称、原理和使用方法。师生见面会搭建了学生与科学家“面对面交流”的桥梁、提供了零距离接触先进实验设备的平台。许多学生对师生见面会给予了极高的评

▲ 侯旭教授课题组与学生见面

价，例如“本次深入实验室学习和研究，不仅拓宽了知识面和视野，更掌握了化学学科研究的基本技能和方法，这将是继续前进的永恒动力！”

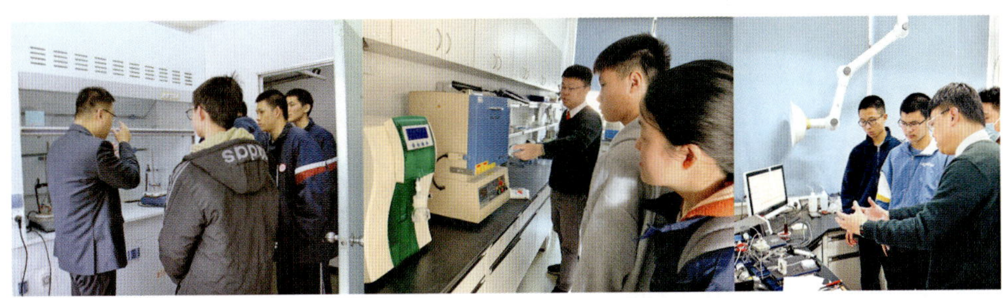

▲ 侯旭教授带领学生参观实验室并讲解仪器设备的名称、原理和使用方法

循循善诱，鼓励学生们积极探索、敢于创新

在培养学生方面，侯旭教授一直坚持引导为主、由浅入深的培养策略，通过形式多样的教学方式，为学生提供丰富的学习资源。

1. 兴趣调研与个性化引导

经过师生见面会的充分交流，侯旭教授能够比较全面地了解学生们的兴趣爱好、特长优势及未来规划。根据学生不同的兴趣点和特长，为每名学生安排不同的课题方向，并“一对一”匹配一名博士后研究员展开手把手的指导。例如，2021 届学生陈子儀同学对先进材料加工感兴趣，侯旭教授为他安排的研究课题为“微流控的制备与应用”；吴奇峰同学对计算机相关方向感兴趣，侯旭教授为他选择了理论计算相关的研究课题——“碳纳米管中水分子运动的分子动力学研究”；易轩宇同学对分子的化学合成与性质感兴趣，最终的研究课题选为“偶氮苯的光响应异构化”。这种量“兴趣”定制的培养计划能够确保培养方向精准对接学生的兴趣点，最大程度提升“中学生英才计划”的培养效果。

▲ 侯旭教授组织学生们参加课题组组会

2. 趣味科普与前沿展示

作为厦门大学化学化工学院“科普之窗”活动的负责人，侯旭教授积极举办科普讲座、科技展览等活动。同时，他开发了一款对全国中学生和本科生免费开放的“柔性纳米通道膜材料的制备与测试分析虚拟仿真实验”教学软件，让学生们像玩电子游戏一样学习科学前沿纳米材料的标准制备与测试方法，感受科技的神奇与美妙。此外，为了让学生们能够更深入全面地了解科研生活的方方面面，提升他们汇报工作的能力，侯旭教授还组织了学生全程参与课题组的组会。学生们一边听取课题组研究生师兄、师姐的进展汇报，一边学习侯旭教授对师兄、师姐工作汇报的指导与讨论。侯旭教授通过这些方式让学生们接触到“最新鲜”的科研成果，从实战中获得知识，感受到前沿科技的魅力。

3. 积极探索与项目实践

侯旭教授非常注重将科学前沿与学生现有知识相结合，通过使用科学研究前沿的技术手段，帮助学生深化对中学化学知识的理解，并从更高的知识视角看待中学阶段的科学概念，从而建立起中学化学知识与科研化学技能之间的桥梁。

例如，学生吴鸿宇对高中化学课程中有机物分子化学键结构、

芳香性等概念非常感兴趣。结合这一兴趣点，侯旭教授为他定制了“用量子化学方法探究不同有机小分子的分子结构和电子结构”这一研究课题。在科学实践中，吴鸿宇同学学习使用Gaussian、GaussView和Multiwfn等前沿科学论文中使用的量子化学计算软件，从更高等的结构化学知识和电子云分布视角积极探索乙烷、乙烯、乙炔中单键、双键和三键的键长关系；他同时研究了自己非常感兴趣的化学课程中的一个分子——狗烯的键长与原子电荷。通过这些实践活动，吴鸿宇同学不仅加深了对化学键结构的理解，还提升了科研技能，并因突出表现入选“中学生英才计划”全国优秀学生。

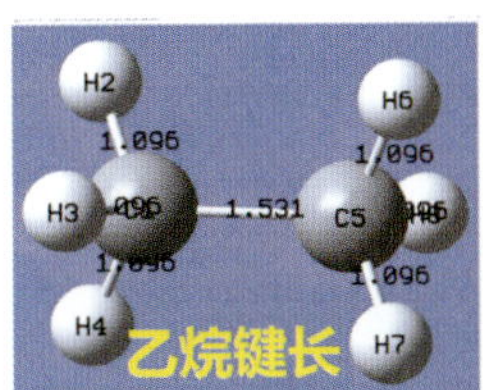

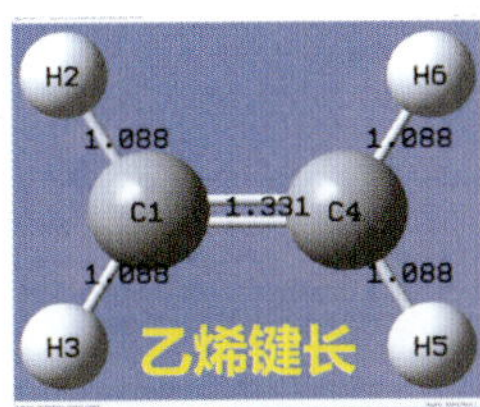

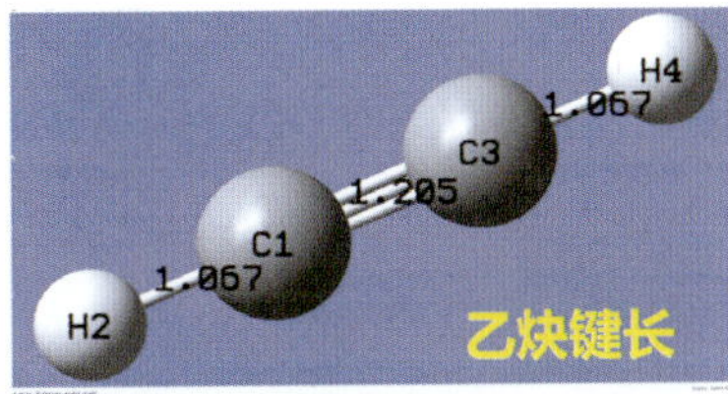

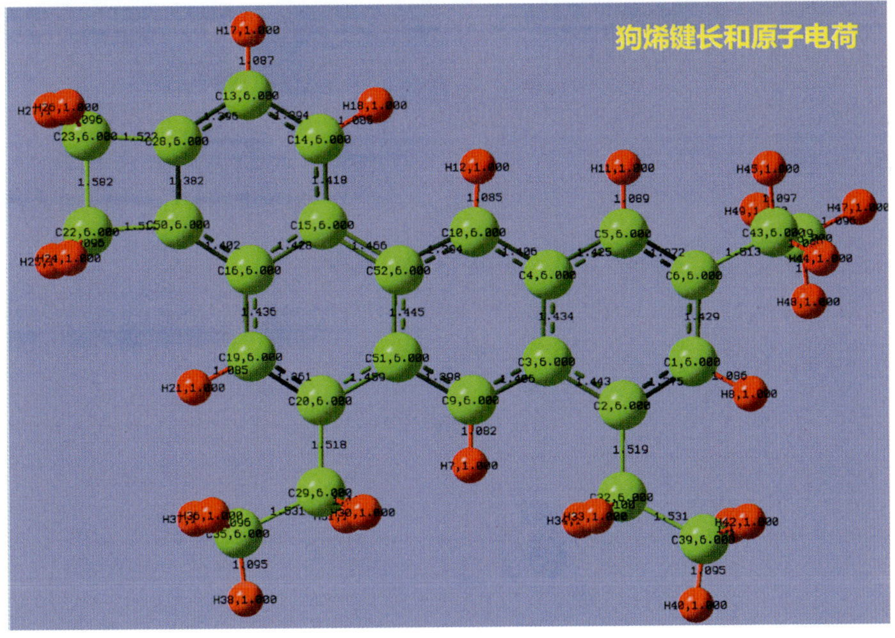

▲ 吴鸿宇同学开展的有机分子化学键与电子结构理论研究

深化兴趣，培养更多优秀人才

点燃科研热情、培育创新梦想是每位“英才”导师的共同使命。在培育学生的征途中，侯旭教授认为，教育工作者需持续以兴趣为灯塔，激发学子的内在驱动力与创新潜能。同时，在培养过程中，导师不仅要激发学生兴趣，更要通过系列举措深化，使之成为前进动力。例如，为学生提供更多科研竞赛与展示平台，鼓励学生参加各类科研竞赛和展示活动，如参与“挑战杯”全国大学生课外学术科技作品竞赛、中国国际大学生创新大赛等项目当中，跟着参赛的师兄、师姐在实战中获得锻炼。此外，侯旭教授建议学校和教育机构进一步拓宽适合高中生阶段的科研竞赛和展示平台的渠道，为高中生学生提供更多展示自己才华的机会和舞台。

侯旭教授因卓越的科学贡献而荣获多项国际认可。这些荣誉让他更加明白，个人的收获与时代的机遇密不可分，“只有祖国强大了，个人才能更好地发展”“我们很幸运，能够在祖国国力不断强大的今天，为国家的科技事业发展贡献自己的一份力量。”他在接受中央电视台采访时感慨道。为激励学生们，他特别分享了自己的座右铭：“微纳孔道藏世界，液体门控通乾坤。仿生纳流启新篇，发展科技为民生，传承奋斗有我辈。”以此表达对科研的热爱及对年轻一代的期望。

聚英才之火，燃创新之光

山东大学　张天德

张天德 供职于山东大学数学学院，担任“中学生英才计划”数学学科的导师。山东省教学名师，“中学生英才计划”10 周年优秀导师，全国大学生数学竞赛山东赛区负责人，国家一流本科课程负责人，山东国家应用数学中心拔尖人才培养基地副主任。在数学教学与科研领域中均取得了丰硕的成果，并凭借深厚的学术造诣，多次被学生评为“泰山学堂优秀教师”。曾获国家级教学成果二等奖，其主编的教材获全国优秀教材二等奖。曾在国内外学术刊物发表论文 70 余篇，出版教材、专著 30 余部。

科学培养，因材施教

在山东大学数学学科“中学生英才计划”的培养中，张天德导师团队秉持“科学培养，因材施教”的教育理念，致力于构建一个既严谨科学又充满个性化的育人环境。这一理念不仅体现在“中学生英才计划”的课程设置和教学方法上，更深入落实到导师团队对每一名学生的精准定位和个性化培养中。导师团队旨在培育全面发展的优秀人才，通过科学规划、因材施教、导师引领、科研实践及反馈调整等策略的实施，不仅使得学生奠定了坚实的科学素养基础，更让学生在导师一点一滴的言传身教中发扬严谨治学的作风，磨砺吃苦耐劳的精神。

依托优质资源，深化实践教学

1. 依托山东大学数学学科优势

山东大学数学学科拥有悠久的历史和雄厚的师资力量，在教学方面不断创新，致力于培养高素质、高水平的数学人才。导师团队作为数学学科的核心力量，邀请知名学者进行学术讲座与交流，引入前沿的数学理论与研究方法，确保教学内容紧跟时代步伐。同时，通过山东国家应用数学中

▲ 2024年，张天德导师团队拜师会合影

心、数学实验室等实践平台，为学生提供将理论知识转化为实际应用能力的机会，鼓励学生勇于尝试、敢于创新，使他们在解决实际问题的过程中深化对数学的理解，从而为学生搭建起一座从理论到实践的桥梁，为他们的成长提供了无限可能。

2. 以科学兴趣为导向，培养学生创新性思维

导师团队坚信，兴趣是最好的老师。在培养过程中，团队注重激发学生对数学及其相关领域的浓厚兴趣，通过设计富有趣味性的研学活动、体验数学实验室及参观科技馆等多样化项目，拉近培养对象与科学前沿的距离，让他们在参与中切实感受到数学的魅力，从而真正喜欢上数学，进而培养其独立思考、勇于探索的创新性思维。同时，团队鼓励学生表达个人见解并提出有关问题的解决方案，教导他们将失败视为成长的机会，从而激发他们持续创新的动力。

▲ 2024年，张天德导师团队参观潍坊市科技馆

▲ 2024年，张天德导师团队体验潍坊市科技馆趣味数学项目

2024 年 8 月 7 日至 10 日，在山东大学泰山学堂的领导下，张天德团队在潍坊举办以“强基计划”课程为主的研学培养活动。在此期间，同学们进行了“强基计

划”课程体验，学习了高等数学的内容。尽管他们尚处高一阶段，但面对这些相对进阶的知识体系时，仍展现出了超乎寻常的专注与热情。

次日上午，大家参观了潍坊市科技馆，体验了风筝放飞、鲁班锁挑战等项目，并与智能机器人进行了乒乓球对战，还享受了一场 3D 电影的视觉盛宴。下午，大家参观了风筝博物馆，近距离观赏了来自世界各地的精美风筝作品，感受到了风筝文化的独特魅力。

3. 鼓励原创探索，拓展交叉思维

在深化实践教学的过程中，团队特别强调原创性的重要之处。导师团队坚信，培养学生勇于创新探索的科学思维远胜于单纯的理论知识灌输或实验技能传授。他们在教学中鼓励培养对象跳出常规框架，勇于提出原创见解，并通过跨学科的学习与实践，拓展交叉思维，这样才能使学生更好地适应未来复杂多变的社会需求，引领创新潮流，从而在未来的科研道路上做到独当一面。

塑思政品格，育科学尖兵

1. 保持与学生的长期联络：科学评估，反馈成长

导师团队建立了全面的学生跟踪与反馈体系，旨在全程关注并指导培养对象的学习与成长。张天德教授期望成为“英才少年”的长期导师，强调即便学生步入大学，持续的指导对于其坚守科研初心乃至最终成长为基础科学领军人才仍然有着重要意义。例如，2019 年“中学生英才计划”的学生韩昊羽，从考入中国科学技术大学创新试点班到前往哈佛大学深造，一路走来，他的求学历程离不开张天德教授的无私指引和热心支持。

2. 融入思政元素

▲ 2023年，张天德导师团队参观哈尔滨工业大学研究所

▲ 2023年，张天德导师团队参观国家深海基地的“蛟龙”号模型

在深化实践教学的征途中，张天德教授始终坚守立德树人的初心与使命，将思政教育与数学教学紧密融合，致力于培养出既具备扎实数学功底，又拥有高尚道德情操和强烈社会责任感的时代新人。导师团队明白，数学的严谨与逻辑的力量，不仅是解决问题的工具，更是塑造学生世界观、人生观和价值观的宝贵资源。

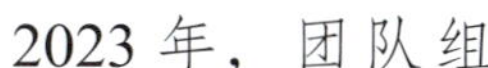

2023 年，团队组织的一场参观国家深海基地管理中心的特殊之旅，更是生动地展现了这一教育理念。通过参观潜水器试验水池，学生们亲眼见证了“蛟龙”号等大船模型的雄姿，了解了科研工作者们在极端环境下默默奉献、勇于挑战的精神风貌。这些关于我国深海探索的壮丽篇章，不仅让学生们对深海科技有了更加直观的认识和深入的了解，更让他们深刻体会到科技创新背后的艰辛与不易，进一步增强了他们尊重科学、崇尚创新的意识。这些活动让其深刻认识到，作为新时代的青年学子，应当肩负起历史赋予的使命和责任，努力学习专业知识，积极投身社会实践，为实现中华民族伟大复兴的中国梦贡献自己的青春和力量。

3. 注重细节培养

细节决定成败。在培养过程中，导师团队注重从细微之处入手，在学习研究过程中培养学生的严谨态度和良好习惯。无论是数据处理的准确性还是论文撰写的条理性，都要求培养对象做到精益求精。通过这些细节的培养，学生逐步形成严谨求实的科学精神，这为他们未来的学术研究和职业生涯奠定了坚实的基础。

深度挖掘“中学生英才计划”的培养内容及形式，激发学生对基础学科的兴趣，努力培养其科学精神和科学态度，是张天德导师团队一直以来努力的目标，在今后的培养工作中将继续探索、改进。

▲ 2024年，张天德导师团队开展论文撰写交流会

国防科技育英才，前沿探索筑未来

国防科技大学　戴佳钰

戴佳钰供职于国防科技大学，担任“中学生英才计划”物理学科的导师。入选“国家高层次人才计划”领军人才，获国家自然科学基金优秀青年基金资助，是湖南省科技创新领军人才，获“邓稼先青年科技奖”。主要研究方向为极端条件物质科学研究，发展了基于人工智能的多尺度模拟方法，建立了温稠密物质的实验平台和动力学探测平台。在*PRL*、*NC*、*Light*、*NSR*等杂志发表论文100余篇，出版学术专著1部，获湖南省自然科学奖一等奖1项、二等奖1项。

国防使命与人才培养的时代命题

面对优秀且学有余力的中学生，如何因材施教，为其能力提升提供合适的成长途径，既具有重大意义，又充满挑战。当前，人工智能、量子计算、深空探测等领域的突破正重塑未来战争形态，而半导体芯片等“卡脖子”技术的自主可控更关乎国家战略安全。作为科技强军的重要支撑，拔尖人才不仅需要扎实的专业素养，还需具备家国情怀、创新能力和战略视野。作为我国国防科技创新的重要策源地，国防科技大学始终肩负着为“强军兴国”培养顶尖人才的使命。面对新一轮科技革命与产业变革，如何将国防需求与基础科研深度融合，如何从青少年阶段培养兼具家国情怀与创新能力的后备力量和基础学科拔尖人才，成为新时代教育的重要课题。戴佳钰教授团队以“中学生英才计划”为依托，以国防需求为导向，以前沿科技为牵引，构建了“兴趣驱动、平台赋能、价值引领”的创

▲ 谭金杰同学与戴佳钰导师团队合影

新培养模式，结合物理学科前沿领域发展为中学生提供看待问题的新视角，为拔尖人才培养提供了具有一定价值的实践范本。

三位一体的育人思想

戴佳钰教授团队始终秉持“价值—能力—知识”三位一体的培养理念，构建了独特的育人框架。

第一，价值引领：以国防使命激发报国志向，通过航天工程案例、国防科技尖端装备参观实践教学等方式深植家国情怀。

第二，能力锻造：注重科学思维与创新能力的阶梯式培养，从基础编程到复杂建模，从理论分析到激光实验，层层递进。

第三，知识融合：打破学科壁垒，将天体物理、半导体技术、人工智能等交叉融合，培养综合科技素养。

这一核心理念关键在于突破传统教育的单向知识灌输模式，将学生的兴趣探索与国家战略需求紧密结合，激发学生对基础学科的兴趣，实现“为党育人、为国育才”的目标。

国防特色与前沿驱动的培养策略

1. 以国防需求锚定科研方向

戴佳钰教授团队紧扣国家战略，设计了兼具学术价值与应用潜力的课题。

小行星防御与深空导航：考虑到可能威胁地球安全的潜在风险，小行星轨道预测与防御技术既是天体物理学的学术前沿，更是大国太空安全博弈的关键领域。以卫星轨道和小行星防御为背景，关联卫星编队控制、空间站轨道维持等国防关键技术，引导学生通过构建两体、三体引力模型，模拟近地天体轨道偏移；学生通过模拟行星运动轨迹，深入理解多体相互作用和分析力学轨道，学习分子动力学等模拟技术。

半导体物理与芯片技术：我国半导体产业是一个既包含物理学前沿基础，又能深刻理解国家科技力量重要性的方向。根据课题组研究方向和科研平台基础，团队开设“宽禁带半导体材料特性研究”“高功率微波器件热管理优化”“激光与物质相互作用”等课题，深入理解半导体材料、载流子、热管理等物理图像和物理机制，为培养学生的科研兴趣奠定基础。

2. 以兴趣探索激活创新潜能

个性化培养：团队通过深度交流挖掘学生兴趣点。例如，一名学生对智能眼镜感兴趣，想制造一种多功能眼镜。团队与其深入探讨，结合当前超材料、电磁特性等学科前沿，凝练出光学方向的实践课题。另一名学生长期对天体物理和航空航天具有浓厚的科学兴趣，通过编程实现太阳系行星轨道可视化，学生不仅掌握了数值计算方法，更深刻理解了轨道动力学在国防航天中的实际应用。

容错式实践：团队鼓励学生“大胆假设、严谨验证”。科研创新本质上是一个思维创新加探索实践的过程，需要在不断摸索中学习新知识、创造新知识。如来自长沙市长郡中学的佘懿桓在学习使用超快激光的过程中，对激光器原理、量子力学等感兴趣，团队便安排其不断参加课题实验，通过实际操作提升实践能力。

3. 以前沿平台赋能科研实战

尖端设施开放：“天河”超算中心、强激光平台、强场超快实验平台等向学生开放，让学生近距离接触大国重器，接触国际学科前沿知识，从而激发其自主学习的兴趣及主动探索的欲望。比如，团队利用“天河”等超算平台，进行分子动力学计算，理解从单个原子到大尺度模拟的过程，与热学课程等紧密联系，加快从课本到具体实践的过程。

学术资源链接：为了方便学生查阅资料，拓展学生的知识面，导师为学生申请了全面的图书馆资源使用权限，使学生可以自由查阅各类学术文献、专业书籍，轻松获取最新的研究成果和领域动态。为了让学生深入了解学科前沿，导师团队在指导学生时更注重将学科知识与实践应用相结合。团队每学期会定期组织学术报告讲座，邀请业界专家和校内外教授分享最新的研究成果和经验。邀请学生亲身参与这些讲座，能够直观感受学科的前沿动态，拓宽对学科的理解，培养学科见识。

▲ 郭世祥和佘懿桓两名同学在实验室参加激光与物质相互作用研究课题

▲ 郭世祥同学在进行实验操作

4. 以思政教育筑牢精神根基

团队始终将“为谁培养人”置于首位。在课题设计中，团队融入中国航天工程案例——从“嫦娥探月”到“天问探火”，学生在开展课题研究过程中，切身感受到中国航天人的智慧与坚守。此外，团队定期组织学生参观北斗卫星、激光陀螺等平台，以实地教学激发学生“科技强军、航天报国”的使命感。

从幼苗到栋梁的成长跃迁

1. 学生发展成效显著

在导师的培养过程中，学生不再是知识的被动接收者，而是科学的积极探索者。导师团队致力于培养具备科学思维、创新意识和团队协作能力的优秀人才，为未来的科学发展贡献一份力量。在导师团队的精心指导下，长沙市明德中学的谭金杰同学将拓扑优化理论应用于小行星捕获网设计，获国际青少年科学大会金奖，荣获 2022 年“中学生英才计划”优秀学生称号，目前就读于北京理工大学物理学专业强基班。长沙市雅礼中学的刘张懿同学凭借前沿物理知识和实践创新能力，入选北京大学“物理卓越人才计划”，即将开启在物理学海洋中的畅游。

2. 培养模式逐步总结

早期介入，长周期培养。中学阶段是创新能力萌芽的关键期，通过“中学生英才计划”等平台早期介入，能够系统培育科研兴趣，避免功利化学习。国防导向，使命感驱动。以国家战略需求为课题来源，能够有效激发学生的责任感与内驱力。资源整合，生态化支撑。充分利用学科交叉和高端平台，能够提升学生的学术视野和兴趣。

通过多年对拔尖人才的培养，团队总结出“三维驱动”模型：知识维度——夯实数理基础，强化编程与建模能力；思维维度——培养系统思维、批判性思维与跨学科整合能力；价值维度——深植家国情怀，树立“科技报国”的人生目标。

以英才之炬，照强基之路

戴佳钰导师团队的实践表明，国防科技人才培养绝非简单的知识传授，而是一项系统工程，需要以国家战略需求为导向，以前沿

科技为牵引，以兴趣探索为动力，构建“价值—能力—知识”三位一体的育人生态。当更多青少年在星辰大海的征途中找到人生坐标，国防科技的创新之火必将愈燃愈炽，照亮民族复兴的伟大航程。从谭金杰同学到刘张懿同学，这些年轻的身影正在书写属于新时代的科技传奇——他们不仅是知识的传承者，更是未来的筑梦者。

心之共振，助力英才学术启航

中南大学　龙孟秋

龙孟秋 供职于中南大学物理学院，担任“中学生英才计划”物理学科的导师。主要从事低维纳米材料与器件载流子输运性质、能源材料与器件电子态理论等研究，在国际著名期刊上发表科研论文150余篇，被SCI引用超8000次，H指数为44。先后承担国家自然科学基金重点项目、面上项目、青年项目等5项，省部级项目7项，教改项目4项。曾荣获湖南省芙蓉青年学者、爱思唯尔“中国高被引学者”、北京市自然科学奖一等奖、湖南省自然科学奖二等奖、湖南省教学成果二等奖（2项）等荣誉。

在当前的基础教育大环境中，如何早期发掘并悉心培育卓越的理科人才，成为基础教育领域面临的一项艰巨而重要的任务。国家适时推出的“中学生英才计划”，在一定程度上为破解这一难题提供了一种充满希望的解决方案。

点燃兴趣之火，唤醒好奇之心

科研的魅力在于它对未知领域的无畏探索和对真理的不懈追求，而好奇心则是人类天性中宝贵而纯粹的一部分，驱使着我们不断前行，不断超越。中学生正处于一个充满好奇心和求知欲旺盛的阶段，他们已经具备了一定的数理基础，对科学研究充满了无限的好奇和向往。这个时期正是我们播种兴趣、激发潜能的黄金时期。

在与学生交流中，龙孟秋教授都力求全面了解他们的学科学习情况、课外阅读偏好及实践体验经历。他细心观察他们的性格特征，捕捉他们的兴趣点，试图找到与他们心灵相通的桥梁。在培养过程中，他鼓励他们提出问题、质疑观点，敢于挑战权威，敢于探索未知。他鼓励中学生与研究生一起参与学术讨论，让他们亲身感受科研的氛围和魅力。从科研资料的搜集、文献的研读，到组会上的思想碰撞、学术报告的聆听与分享，再到课题的深入研讨，他都尽量让学生参与其中，让他们有身临其境的感觉。在这样的氛围中，学生们的好奇心被充分唤醒，他们对科研的热情也日益高涨。

▲ 龙孟秋教授与学生讨论问题

树立远大志向，培育内在驱动力

▲ 学生参与“分子尺度纳米器件第一性原理计算”讨论

科研之路，道阻且长。要想在这条路上走得更远、更稳，就必须有纯粹的科研梦想、崇高的科研志向和强大的内在驱动力作为支撑。在指导学生时，龙孟秋教授从科技发展的“卡脖子”问题切入，向学生阐述了突破“摩尔定律”所面临的重重挑战。他告诉他们科研不仅是为了追求知识和真理，更是为了解决实际问题，推动社会进步。他结合分子电子学的最新研究进展和存在的科学难题，激发了学生的学术抱负和科研志向。

龙孟秋教授鼓励学生敢于打破常规思维的束缚，以天马行空般的想象力设计出别具一格的分子器件。他告诉他们，科研需要创新、需要勇气、需要敢于尝试别人没有尝试过的东西。在这样的鼓励下，学生表现出了强烈的积极性和主动性，他们学会主动思考问题、提出方案、进行设计和计算，科研热情高涨，内在驱动力也得到了很好的培育。

传授科研方法，领略学术之美

科研不仅是一种追求真理的活动，也是一种艺术、一种美的享受。在指导学生的过程中，龙孟秋教授深感传授科研方法的重要性。他主要从事凝聚态物理的智能计算研究方向，需要学生们掌握一定的计算软件和画图工具，以及编写程序代码的能力。为了让学生适应研究项目，他悉心教授他们掌握多款计算软件和画图工具的使用技巧，引导他们学习编写简单的程序代码、学习使用人工智能工具等，并告诉他们，这些工具就像一把把钥匙，能够打开通往科学世界的大门。

在学生们逐渐掌握这些技能的过程中，他发现他们的眼界逐渐开阔，思维也逐渐活跃起来，他们开始尝试用这些工具去解决一些实际的科学问题。当他们成功地将计算得出的数据、绘制的精美结果图以演示文稿的形式在组会上展示并交流时，他们的脸上洋溢出了无比的喜悦和自豪。那一刻，他们深切地感受到了科研带给他们的成就感和美的享受。

促进讨论交流，激荡科学思维

科研不是孤立的个人行为，而是需要团队合作和交流的集体活动。在指导学生的过程中，龙孟秋教授始终注重促进他们之间的讨论和交流。在每次组会上，他都会鼓励学生们积极发言，提出自己的观点和看法。他也会向他们提出一系列具有挑战性的问题，引导他们深入思考、探索未知。这些问题并没有固定的答案，需要学生们反复思考、不断探索。而每当他们给出自己的见解时，他又会引出更多新的问题，促使他们继续深入思考。

在这个过程中，龙孟秋教授也会邀请研究生加入提问和讨论的行列。研究生们有着更丰富的科研经验和更深入的学术见解，他们的参与为讨论增添了更多的色彩和活力。而他则往往保持中立的态度，任由各种思想和观点相互碰撞、激荡。他相信，在这样的氛围中，学生们的思维能力和认知水平一定会得到显著的提升。

撰写报告总结，体味收获之喜

▲ 龙孟秋教授听取学生报告研究进展

学术之路既需要引导，也需要激励。在指导学生的过程中，龙孟秋教授始终注重培养他们的总结能力和表达能力。他要求学生每月撰写一份小结报告，记录下自己每一点微小的进步和收获，比如如何搜集资料、如何阅读文献、如何设计模型、如何进行计算、如何分析结果……每当学生们回首自己参与的科研工作历程时，他们都能清晰地感受到自己的成长与进步。

每当学生完成“中学生英才计划”的总结报告，手握着自己智慧的火花和心血的结晶时，他总能从他们的脸上看到无比的喜悦和自豪，他也能深切感受到他们对自己的重新认识和对未来的无限憧憬。他知道，那颗科学的种子已经在他们心中生根发芽，而希望的阳光也已经洒满了他们前行的道路！

聚智启思育英才

西安交通大学　徐宗本

导师简介

徐宗本 供职于西安交通大学，担任“中学生英才计划”数学学科的导师。中国科学院院士。主要从事智能信息处理、机器学习、数据建模基础理论研究。提出稀疏信息处理的L（1/2）正则化理论，为稀疏微波成像提供了重要基础；发现并证明机器学习的“徐–罗奇”定理，解决了神经网络与模拟演化计算中的一些困难问题；提出分布式微剂量CT、超快核磁共振成像（MRI）等创新数学理论。曾获国家自然科学奖二等奖、国家科技进步奖二等奖、陕西省最高科技奖等奖项。

指导科研选题：从生活中来，到生活中去

高中生初次接触科研，如何理解科研，是启发科研选题的首要工作。从生活中找寻问题，能让高中生的思考更加具象，并感同身受，导师再引导其思考他的研究能给生活带来哪些价值，可以有效帮助高中生确定适合自己的科研选题。

▲ 李泽宇同学和闫翔宇同学在“第37届全国青少年科技创新大赛”合影留念

李泽宇同学的选题：溺水自动监测及远程救援系统。根据世界卫生组织官网，世界各地每年溺水死亡人数为30多万例。由于黄金救援时间短暂，溺水发生地偏远，一是不容易被及时发现；二是发现后再组织力量救援容易错过黄金救援时间；三是即使有路人及时发现，但也有不会游泳或展开不专业救援导致救援失败甚至发生救援者自身溺亡事件。

闫翔宇同学的选题：一款分体式儿童青少年近视防控装置。全世界共有14亿近视患者，其中中国有6亿。2020年，我国儿童和青少年总体近视率是52.7%，其中小学生近视率为35.6%，初中生近视率为71.1%，高中生近视率为80.5%。

培育科研思维：系统性、创新性、逻辑性、探索性

在确定选题后，就进入了科研实施阶段，想要引导学生们正确

▲ 2021年11月10日，徐宗本院士做学术报告

对待科研，就需要告知他们科研的基本思维。通过不断打磨，徐宗本院士将“严谨、全面、充分、及时”作为科研思维。严谨即论点论述要逻辑严谨，不可混乱空泛；全面即调查研究和支撑材料要尽量全面，不可管中窥豹；充分即方案和结论要不断打磨夯实，经得起考验；及时即要把握好时间安排和研究节奏，不可超过规定时间。通过科研思维的灌输，学生更能抓住要点，产出高质量成果。

李泽宇同学的科研思路：设计救援系统应用于危险水域溺水监测及救援，它由溺水自动监测、遥控救援船和远程控制室组成。溺水检测部分采用 NVIDIA Jetson Xavier NX 开发板套件连接一枚广角摄像头和 LoRa 通信模块，通过 YOLOv5 目标监测算法对相关水域进行实时监测。当监测到溺水者或有溺水风险者时，通过 LoRa 无线通信向控制室发送信号，控制室电脑收到信号后，播放警报音提醒工作人员。工作人员根据传回的图像及定位信息，远程确认溺水后操控救援船开往溺水点开展救援，并使用网络通话摄像头实时查看现状并与溺水者沟通，安抚其情绪。当溺水者成功使用救援船后，救援船将溺水者安全运载上岸，完成救援。

▲ 李泽宇同学在“第37届全国青少年科技创新大赛”展位留影

闫翔宇同学的科研思路：针对传统用眼行为监测设备在结构设计和实际使用上的不足，采用分体式结构设计方案，通过蓝牙使头戴部分和台灯部分与座舱部分连接，通过座舱大屏幕查看实时数据和设置参数。座舱部分可以自主选择使用“声光振”不同组合方式的提醒模式，头戴部分采用低功率激光灯投射光点方式提醒。这可以解决传统监测设备单一座舱结构适用场景有限、测距和测光不精准等问题，解决单一头戴结构续航不佳、设置不便和提醒方式干扰正常学习等问题。

开展科研过程：主动研究，导师支撑

在学生们建立起坚实的科研思维之后，便正式步入了科研实践的关键阶段。“主动研究，导师支撑”成了这一阶段的核心理念，即引导学生将理论知识转化为实践能力，培养其独立科研的能力与素养。导师团队鼓励他们在掌握了科学研究的基本方法之后自主设定研究目标，并创造性地设计实验方案或构建理论模型。这一过程不仅考验他们的学术功底，更培养他们的创新思维与问题解决能力。为确保科研实践的高效推进，导师团队要求学生们每周向助教老师提交研究进展报告。无论是他们取得的初步成果，还是在研究过程中遇到的难题与挑战，助教老师都会给予细致入微的分析与指导，并提供切实可行的解决方案。助教老师们的角色不仅是知识的传递者，更是学生科研道路上的引路人与坚强后盾。这种“主动研究，导师支撑”的科研实践模式，不仅能够帮助学生找到解决问题的方法，同时通过不断给予学生正面的鼓励和支持，让他们在面对困难和挑战时能够保持坚定的信念和勇气。

完成科研评价：综合评价，提炼问题

学生完成课题研究后，导师团队会对项目开展一次深入而全面的综合评价，包括研究的创新性、科学性、实用性、方法论的有效性及研究过程的严谨性等。导师团队通过客观且系统的评价，为学生的科研成果提供全面而立体的反馈。导师团队深入挖掘研究过程中潜在的问题和不足，帮助学生查缺补漏，完善研究成果，更重要的是引导他们总结经验，进一步提升个人的研究能力和学术素养。同时，导师团队探讨每名学生在科研活动中展现出的独特视角与能力，为他们未来的科研道路提供有针对性的建议，帮助学生树立自信、明确方向，为学生未来的科研活动提供宝贵的参考与借鉴。

高中生科研不同于大学科研，主要区别在于学生的知识积累、思维成熟度及实践经验等方面。导师团队深刻认识到这一点，并特别重视“中学生英才计划”各个培养环节的有效衔接，从科研思维的初步建立，到研究过程的主动探索，再到综合评价与问题提炼，每一步都精心设计，耐心引导，有效启发学生的科研思维，培养他们的协同创新能力。这一套完整且高效的科研培养体系能真正提高高中生的科研能力，让他们在科研实践中不断成长，最终实现“中学生英才计划”的初心使命，即发现一批具有学科特长、创新潜质的优秀中学生，为“基础学科拔尖学生培养试验计划”输送后备力量，为青少年科技创新人才不断涌现和成长营造良好的社会氛围。

点燃科学梦想，培育未来英才

西安交通大学、同济大学　郑庆华团队

导师简介

郑庆华 供职于同济大学，担任“中学生英才计划”计算机学科的导师。曾任西安交通大学党委常委、常务副校长。系智能网络与网络安全教育部重点实验室主任、教育部科技委学部委员、教育部大学计算机教学指导委员会主任、国家杰出青年基金获得者、国家自然科学基金创新群体负责人。研究领域为大数据知识工程。获国家科技进步奖二等奖 3 项，国家教学成果一等奖 1 项、二等奖 3 项，省部级一等奖 5 项，2022 年度何梁何利基金“科学与技术进步奖”。

严谨求实，筑梦未来

郑庆华院士于2021年加入“中学生英才计划”并组建导师团队，该导师团队依托西安交通大学计算机科学与技术学院和钱学森学院，成员包含师斌、董博、冯伟等多名来自计算机领域科研一线的教师。团队注重兴趣导向和严谨求实的学习态度，致力于培养学生在计算机科学和技术方面的兴趣和能力。团队秉承“责任感—科学素养—计算思维—创新能力”四位一体的培养理念，旨在培养学生对未来全球事务与国家发展的责任心和使命感，认清计算机、人工智能等科学技术对社会智能化、全球化进程的引领和推动作用。团队引导学生认识计算机学科的基本思维、问题求解框架及典型的方法论，了解计算机学科的研究对象、科学技术体系及知识结构，了解计算机、网络、人工智能等学科方向最基本的原理和知识。团队指导学生参与部分国家课题的科学研究、学术研讨和科研实践，使学生体验科研过程，激发科学兴趣，培养学生的使命意识、科学素养、计算思维和创新能力。

因材施教，全面培养

1. 兴趣导向，自主选题

在该团队中，培养方案的制订充分考虑了学生的个人兴趣和特点。由于学生的专业理论知识方面有很大不足，因此学生的研究课题均由教师团队精心设计并确定，以前瞻性、先导性、趣味性为导向，重点激发学生的学习动力和热情。例如，在面试过程中，团队导师发现来自西北大学附属中学的黄文晟在音乐方面有天赋，便结合计算机学科融合交叉的特点，为他定制“生成式人工智能的原理及其在旋律生成方面的应用”的课题，希望他能够以兴趣为起点、

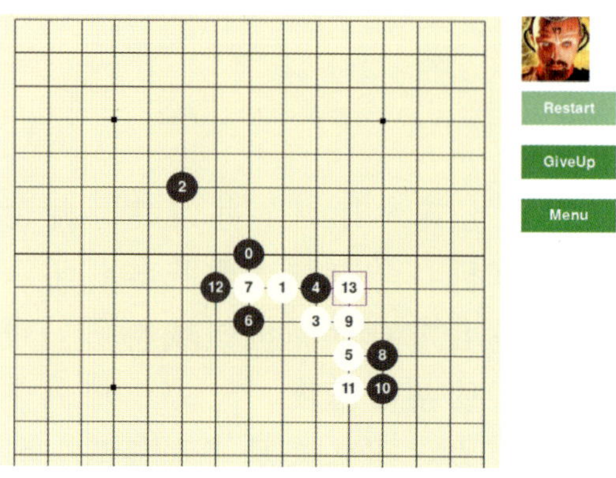

▲ 岳水云天同学独立完成的模拟AlphaGO算法的五子棋对弈机器人

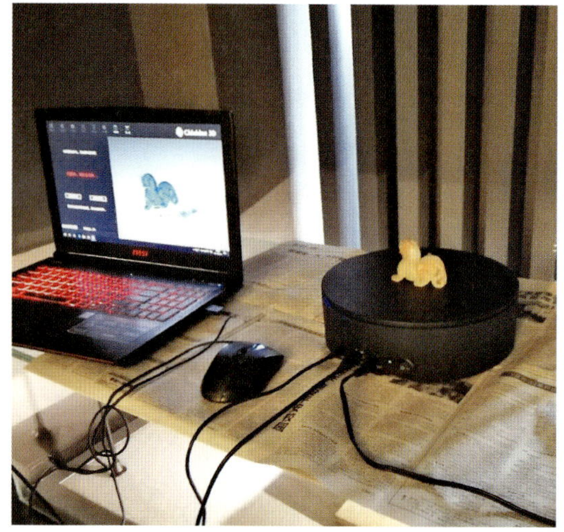

▲ 岳水云天同学独立完成的文物扫描、修复及VR传输

以课题为引导，加深对计算机、人工智能方向的研究。黄文晟同学的最终课题成果“House风格舞曲鼓点编排辅助工具研究”入选全国终评，并获评全国优秀学生。在完成课题后，他对计算机科学的兴趣得到了极大提升，并决定将其作为未来职业方向。来自西安交通大学附属中学的岳水云天同学一直是博物馆迷，于是导师团队为他制订了结合西安本地文旅特色的选题“文物扫描、修复及VR传输”。他的项目成果获得第八届中国国际“互联网+”大学生创新创业大赛萌芽赛道的创新潜力奖，并进入“中学生英才计划”的国际组评议。目前，根据学生的兴趣，团队已定制多个趣味研究课题，如“社交网络用户分类”“五子棋对弈机器人”等。

2. 导师团队进行培养

确定选题后，团队为每名学生量身定制个性化培养方案，包括指定阅读书目、参加学术讨论、听取学术报告等。团队还安排校内外专家为同学们讲授计算机导论、人工智能导论、程序设计等方面

的预备知识，共计10余场讲座，为学生提供全方位的指导。导师团队不仅关注学生的研究课题进展，还会定期与每名学生进行一对一辅导，深入了解他们的学习状态和个人需求。通过这种方式，导师们能够快速识别出学生可能遇到的障碍，并提供针对性的帮助和支持。此外，团队还鼓励学生之间形成互助小组，促进知识共享和合作精神的发展。最后，导师组根据每次交流讨论情况进行打分、指导，以及培养计划调整，学生则在汇报后提交成长日志记录。

▲ 郑庆华院士团队师斌副教授为学生授课

▲ 郑庆华院士团队与学生合影留念

▲ 郑庆华院士、师斌副教授带领学生参加“人工智能赋能教育”中国工程科技论坛

3. 结合西安交通大学特色开展思政教育

除了科学素养的培养外，团队也非常重视学生人生观和价值观的塑造，通过多种形式开展思政教育。例如，在每期的开班仪式上，团队会组织同学们参观西安交通大学西迁博物馆，了解学校从上海迁往西安的历史故事，感受老一辈将学校建设为世界一流大学的奋斗历程。通过这些活动，团队希望学生能够深刻理解“胸怀大局、无私奉献、弘扬传统、艰苦创业”的“西迁精神”，从而激励他们在未来的学习和工作中承担起更大的社会责任。许多学生表示，这些活动让他们意识到成为一名科技工作者，不仅要追求学术上的卓越，更要具备强烈的社会责任感和服务意识。

续成果、促提升

近3年，郑庆华院士团队已指导17名学生，有多人荣获“中学生英才计划”全国优秀学生，并参加国际交流项目。在“中学生英才计划”结业典礼上，学生感言“西安交通大学计算机学院点燃了我心中对科学的向往与热情”“‘中学生英才计划’活动激发了我对计算机科学的兴趣，坚定了未来学习的目标”“我从中学习到了科学研究的精神和独立思考的能力”。

通过“中学生英才计划”，许多学生都取得了可喜的成果和提升，但“中学生英才计划”不应止步于次，其终点是青少年科技创新人才的不断涌现和成长。郑庆华院士团队鼓励学生继续在个人兴趣领域深耕，参与更多的实践项目和实践竞赛。团队也将提供资源支持和指导，以帮助他们继续发展和提升自己的能力。

从科研实践到创新引领，培养未来科技英才

西安交通大学　杨森

导师简介

杨森　供职于西安交通大学物理学院，担任“中学生英才计划”物理学科的导师。国务院政府特殊津贴获得者，优秀青年科学基金获得者，曾获中国金属学会冶金青年科技奖、陕西青年科技奖等荣誉。长期致力于铁性智能传感材料与器件的研究工作，获得国家自然科学奖二等奖、教育部自然科学奖一等奖、陕西省自然科学奖一等奖等多个奖项。在 *Nature Nanotechnology*、*Physical Review Letters*、*Advanced Materials*、*Science Advances*、*Journal of the American Chemical Society*、*Advanced Functional Materials* 等国际知名期刊上发表 SCI 论文 200 余篇，申请和授权国家发明专利 30 余项。

▲ 杨森教授向学生讲述等离子体的产生过程

创新教学方式，激发科学探索的兴趣

好奇心是科学探索的原动力，而如何激发并维持中学生对自然科学的兴趣，是创新思维教育的关键。杨森教授从不照本宣科，而是善于以学科研究热点为切入点，及时更新和设计教学内容，激发学生的学习兴趣。他结合个人科研经历，探索学科交叉，使学生不仅了解学科领域演变的历史，还能展望未来的发展趋势。通过传统课堂与翻转课堂相结合的教学方式，杨森教授带领学生深入专业领域，鼓励学生大胆提问，挑战传统思维，不要给自己的思维设限。在探讨能源问题时，他引导学生思考新的可

▲ 杨森教授指导学生分析实验数据

再生能源的可能性，比如利用海洋温差发电的可行性研究。在讲授智能材料时，杨森教授鼓励学生设想这些材料在未来几十年甚至几百年的应用场景，比如智能建筑材料能根据环境自动调节温度和湿度，为未来生活勾勒出奇妙蓝图。

理论结合实践，养成科学精神

科学精神包括严谨、实事求是、勇于质疑和坚持不懈等。2013 年以来，杨森教授与团队指导“中学生英才计划”学生超过 50 名。杨森教授强调严格操作实验，要求学生记录真实数据，培养他们的批判性思维，并鼓励他们在面对困难时坚持不懈。有一次，学生在研究一种 Fe 基合金时，发现微量掺杂的 Pt 元素就可以导致该材料磁致伸缩效应显著增强，但是一直无法解释原因。因为该类材料的晶体结构属于立方晶系，就好比一个立方体即使翻转 90 度，其在直角坐标系上的主轴方向也不会有尺度的变化。杨森教授没有直接给出答案，

▲ 杨森教授指导学生制备合金样品

而是从逻辑层面引导学生打破固有思维，批判性地假定教科书中关于Fe基合金的立方晶格结构的论断是错误的，然后大胆假设该材料可能发生了结构相变，具备非立方晶格结构，在磁场作用下发生大的磁致伸缩效应。该假定不仅完美地解释了该学生观察到的实验现象，还能够解释该类材料中此前发现过却一直无法解释的诸多效应。这项工作直接引发了后续系列工作，在领域内产生了重要影响。

科学不仅是书本知识，更在于亲自动手实践。他指引学生通过实验和观察，深刻理解科学原理，鼓励学生参与科研项目，为他们提供了具有挑战性的科学问题，让他们进行独立的研究和实验，培养他们将理论和实践融合以解决问题的能力。他充分利用西安交通大学物质非平衡合成与调控教育部重点实验室、新材料国际联合研究中心、陕西省先进功能材料及介观物理重点实验室等国家和省部级重点实验室的科研资源，为学生提供实验设备和材料，组织实验讲解和演示，帮助学生掌握实验技能，并鼓励他们进行实验设计和操作。杨森教授团队设计了一系列实验，包括：材料微观结构观察（扫描隧道显微镜和透射电子显微镜）、形状记忆合金的设计和制备、形状记忆效应与超弹性、光磁材料制备与光磁效应观察、压电材料的力电耦合现象与物理原理探究、智能窗的制作等，通过让学生亲自动手操作实验设备，测试材料的物理性能，观察不同材料的特点，不仅增强了他们对材料科学和物理科学的理解和兴趣，更帮助学生在科研实践过程中，用另一个视角理解教材上的知识和概念。

多领域跨学科，拓宽科研视野

科学学科是相互交织的，这在材料物理学中尤为突出，它连接了物理学和材料学等多个领域，往往需要融合数学、物理、化学、生物、计算机等多学科知识来进行研究。杨森教授鼓励学生将不同学科的知识运用到实际问题的解决中。例如，在研究纳米磁性材料

▲ 杨森教授组织团队教师与学生面对面交流

的光磁效应时，涉及材料科学、物理学、数学和计算机等多领域的知识；在研发智能窗材料时，学生需要同时掌握材料学、化学和力学等跨学科知识。杨森教授团队每年都会举办多场面向“中学生英才计划”学生的科普讲座，其中涉及多种智能材料。讲座过程中有一个核心环节，就是鼓励每名学生大胆发言，引导学生思考如何将大学实验室里的智能功能材料应用到社会各个领域。比如，有学生就受到启发，提出利用智能变色材料制作可调节光线的汽车玻璃，既能保证驾驶安全又能节约能源。杨森教授会帮助学生选定科研训练课题，激励学生在多学科交叉中寻找新的科研创新点，撰写研究计划，参加各类创新创业大赛，拓宽科研视野。

培育家国情怀，引领远大理想

“中学生英才计划”为学生提供了一个宝贵的平台，让他们不

仅提前接触大学生活，还能深入国家级、省部级实验室，亲身参与科研实践，深入理解课本知识。杨森教授始终注重思政育人，鼓励学生以建设祖国为人生目标，培养家国情怀。杨森教授通过组织学生参观西迁博物馆等方式，让学生们深刻感受老一辈科学家的奉献精神，学习“西迁人”胸怀大局、无私奉献的精神，立志在国家最需要的地方贡献力量。此外，他也让学生认识到我国在材料物理领域的核心技术问题及世界前沿科学问题，从而帮助他们确立人生理想和职业方向，为实现中华民族的伟大复兴贡献力量。多名学生在“中学生英才计划”为期一年的学习与实践过程中，取得了非常优秀的成绩。在 2023 年“中学生英才计划”中，西安高新第一中学的李粮多同学在杨森教授的指导下，完成了“护眼神器：蓝光检测报警系统”项目，并荣获“全国优秀学生”称号。此后，李粮多同学决心投身光学智能材料与器件领域，希望能为我国相关核心技术的突破贡献力量。

▲ 杨森教授向获得“全国优秀学生”称号的李粮多同学赠书

从兴趣出发，培养科技英才

兰州大学　贺德衍

导师简介

贺德衍供职于兰州大学材料与能源学院、萃英学院，担任“中学生英才计划”物理学科的导师。长期从事电子和能源材料及其器件的研究与开发。享受国务院特殊津贴专家，入选教育部跨世纪优秀人才培养计划。获教育部高校青年教师奖、宝钢优秀教师奖、甘肃省优秀专家称号、省级教学名师奖。获甘肃省教学成果一等奖 2 次、二等奖 2 次，甘肃省科技进步奖一等奖 1 次、二等奖 2 次，国家教委科技进步奖三等奖 1 次。

自“中学生英才计划”实施以来，贺德衍教授及其团队已指导了多名优秀的中学生参加科学研究、学术研讨和科研实践等活动，持续尝试搭建连接中学学习与大学教育的桥梁。

以兴趣引导为原动力，探索分阶段、分角色的育人体系

2023年至2024年，西北师范大学附属中学的陈芃羽同学加入了该团队。基于陈芃羽同学的兴趣，贺德衍教授团队与她一起在半导体人工智能突触器件制备、神经形态电路系统设计方向设计了丰富的科研实践内容。与此同时，贺德衍教授团队指导陈芃羽同学与优秀研究生交流讨论、参加学术报告会等。通过多种形式、全过程培养，陈芃羽同学深度接受学术氛围的熏陶，培养了科研创新思维和能力。

年仅16岁的陈芃羽同学正处于好奇心和探索欲强烈的阶段，基于她的兴趣，贺德衍教授团队将她引进科学的大门，使她接触科研，体会科研的枯燥与喜悦、失败与成功，对满足并进一步激发她的好奇心和探索欲，培养她的毅力和坚韧精神，促使她快速成长产生了重要的作用。

构建合理的科研实践育人体系有助于初入科研活动学生的快速成长。考虑到陈芃羽同学具有的知识基础，按照她能够参与科研实践的时间，团队将科研实践划分为基础训练、项目参与、成果体验3个递进阶段。

以多个角色融入科研共同体、接受学术氛围的熏陶是科研实践育人的重要方面。陈芃羽同学加入团队后，团队指导她从潜在成员做起，随着对科研的了解逐渐深入，逐步成长为非核心成员、核心成员，全面训练科研思维、锻炼研究能力，体验科研工作者的品质和精神状态。

在基础训练阶段，陈芃羽同学通过参加科研实践共同体组织开展的科研活动宣介、科普讲座、学长分享等专题活动，增加对研究性学习和

▲ 陈芃羽同学参加研究课题讨论会

▲ 陈芃羽同学参加学术讲座

科研精神的理解，激发对科研活动的兴趣。

在选题阶段，团队充分尊重陈芃羽同学的科学兴趣，在指导其阅读课题组所发表论文的基础上，她对含羞草的叶片开合行为表现出浓厚的兴趣，并提出了在实验室中模拟含羞草行为的想法。通过多次深入讨论，她确定了“基于人工智能突触器件的含羞草行为模拟”这一既有趣又有挑战性的课题，并且制订了研究任务和相应的进度时间表。

鼓励大胆质疑，激发创新意识和探索精神

对于“中学生英才计划”的学生而言，培养质疑精神有助于他们在未来的科研道路上勇于挑战权威，开拓创新，不断探索新课题。贺德衍教授在日常的教学中，就一直鼓励学生自由表达观点，勇于提出不同意见。他组织小组讨论、学术沙龙等活动，让学生在轻松的氛围中交流思想，互相启发。他在讨论中引导学生从不同角度思考问题，培养他们的批判性思维。同时，他也指导学生查阅文献资料，了解不同学者的观点，从而提出自己的见解。他帮助他们深

入分析问题，寻找解决方法，进一步开展研究，将质疑转化为科研行动。

陈芃羽同学在前期进行实验设计时，团队成员曾建议她采用记忆金属弹簧模拟含羞草叶片的收缩行为。由于记忆合金弹簧的形变依赖于温度变化，起初，团队成员认为通过电流流过弹簧所产生的焦耳热可使弹簧发生收缩。但是，陈芃羽同学大胆质疑其合理性，她认为弹簧温度的升高需要较大电流的驱动，而实验室制备的人工智能突触器件并不能提供如此高的电流输出。事实上，目前实验室制备的人工智能突触器件所能提供的电流只有微安级别，远低于驱动记忆合金弹簧所需的电流。在贺德衍教授和团队成员的鼓励和支持下，陈芃羽同学开展了实验验证，结果证实了她的质疑是正确的。因此，陈芃羽同学及时调整了实验方案，将模拟含羞草叶片收缩的装置从记忆合金弹簧更换为舵机模块。

深化全过程培养，指导学生完整体验科研过程

“基于人工智能突触器件的含羞草行为模拟”这一课题具有跨学科研究的特点，结合了生物学、物理学、材料科学和电子工程等多个学科领域的知识，非常有助于培养陈芃羽同学的跨学科思维能力。在实验过程中，陈芃羽同学不但学习了如何提出问题、分析问题和解决问题，而且提升了实验设计、数据分析和实验操作等实践技能。此外，通过将她在课堂上学习的有限理论知识应用于具体问题，她能更深刻地理解所学知识，进一步激发对科学探索的兴趣。

含羞草之所以能够在被触摸或受到其他外力作用时展现出“含羞”般的叶片收缩，其奥秘在于叶片细胞内部的离子浓度变化。当叶片受到外力刺激时，细胞内的离子浓度会发生变化，进而触发电信号的传递。这些电信号会影响细胞的水分平衡，导致叶片细胞发生膨胀或萎缩，从而使叶片呈现收缩或舒张的状态。为了模拟这种

行为，陈芃羽同学在团队成员的指导和帮助下，设计了一种三端有机人工智能突触器件。这种器件的电导态可以通过栅极电压进行非易失性调控，即当器件受到持续性的栅极电压脉冲刺激时，其电导态会发生变化。这种变化与含羞草叶片受到触摸刺激时细胞浓度的变化行为非常相似。

制备该器件的过程包括光刻图案化源漏电极，沉积金作为电极，旋涂有机沟道层和介质层材料，最后沉积栅电极。为了模拟含羞草的开合行为，团队设计了外围电路，采用舵机模块作为动力源，弯曲传感器模拟叶片，并通过分压电路和电压比较器感知触摸力度。当触摸力度足够大时，人工智能突触器件接收电脉冲刺激，电流变化经放大后与阈值比较，控制舵机驱动叶片开合。电容电压的变化通过 APC 模块转换为方波信号，控制舵机角度输出，实现“叶片”对外界刺激的敏感响应和自然恢复。陈芃羽同学在团队成员的指导和帮助下，全程参与了电路原理图和 PCB 版图设计、双层 PCB 的制作并焊接了电子元器件，构建了完整的硬件系统，成功实现了含羞草行为的模拟实验。这一有趣的研

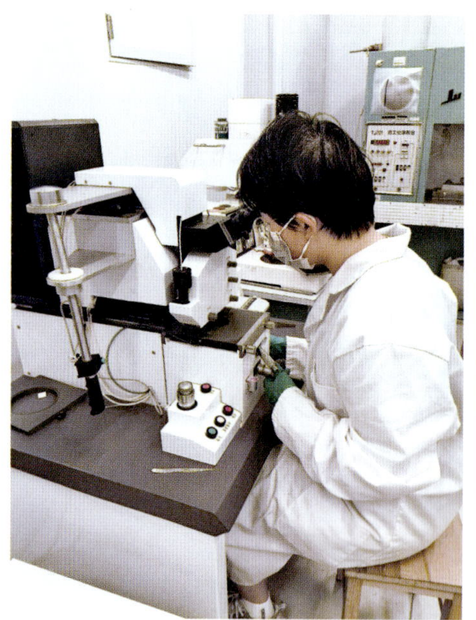

▲ 陈芃羽同学操作光刻曝光机

▲ 含羞草行为模拟系统

究实践激发了陈芃羽同学要成为人工智能领域的科学家的志向。

贺德衍教授担任执行院长的萃英学院，是兰州大学负责实施“基础学科拔尖学生培养计划”的荣誉学院。贺德衍教授非常重视中学与大学教育的衔接，为“中学生英才计划”与“拔尖计划”的有机衔接做出了有益尝试和探索。除了指导“中学生英才计划”学生，他在暑假期间还组织所有“中学生英才计划”学生与大学生一起参加科学家精神实践研学活动、参观科研院所和实验室、旁听萃英学院暑期学校学术报告和课程，并与相应专业的“拔尖计划”大学生开展了交流座谈。

导学相长，与“中学生英才计划”学生一起进步

兰州大学　程博

程博　供职于兰州大学生命科学学院，担任“中学生英才计划”生物学科的导师。甘肃省飞天学者特聘教授；兰州大学生命科学学院本科教学副院长、动物与生物医学系教工党支部书记；兼任中国遗传学会表观遗传学专业委员会委员、中国细胞生物学学会理事、甘肃省细胞生物学学会秘书长、甘肃省干细胞临床研究专家委员会委员、“中学生英才计划”生物学科工作委员会委员等。

程博教授自2020年起正式成为“中学生英才计划”生物学科的导师。从2020年到2024年间，她先后培养了9名学生。迄今，他们中有一部分学生已经迈入了大学，开启了他们专业发展的第一步；也有学生凭借学科竞赛特长提前参加高考而被选拔进入重点大学少年班；还有学生正怀揣着对未来的憧憬，在为高考努力备战。

尊重学生专业志趣，因材施教助力成长

赵紫宇同学是程博教授2020年指导的第一届学生。第一次见面时，程博教授便问她为什么要报“中学生英才计划”及她喜欢的研究方向是什么。她告诉程博教授，她是为了增长见识，看看真正做科学研究的实验室是什么样的，并且说她喜欢医学相关的方向。在了解到这些信息后，程博教授团队便为她量身制订了生物医学相关的课题方向，着重让她尝试挖掘数据库中隐藏的与疾病发病机制相关的信息。总体而言，她理解能力强，能够很好地完成学习任务，但导师团队也渐渐感觉到她对医学的兴趣其实并没有之前她所描述的那样浓厚。在一次与她的深入交流中，他们得知她选择医学其实是父母的意思，而她自己更喜欢数学和物理学。了解了这些以后，程博教授和指导她的博士生都鼓励她要遵从自己内心的真实想法，明确目标并积极地向未来努力。她是一个非常聪明的孩子，在他们的鼓励和指导下，她不仅出色地完成了“中学生英才计划”的各项科研任务，也在此训练过程中变得开朗了许多，不再迷茫。赵紫宇同学后来在高考中以优异的成绩顺利考入同济大学土木工程学院建筑规划与景观设计专业。程博教授认为，提前让一些成绩优异的高中生进入实验室，让他们亲身体验后再决定是否要继续从事相关基础学科更为深入的研究工作是非常有必要的。赵紫宇同学能够进入自己喜欢的专业学习，更加有助于她未来走上适合自身专业发展的道路并成长为国家所需的栋梁之材。“纸上得来终觉浅，绝知此

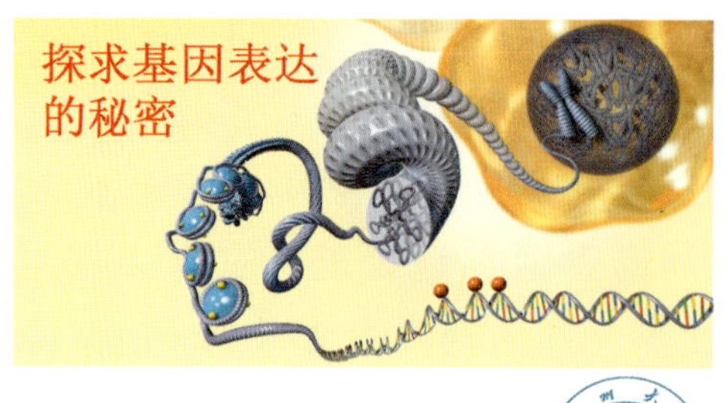

▲ 2020年，程博教授为学生讲授“表观遗传学”

▲ 程博教授带领学生赴榆中校区参观生物学国家级实验教学示范中心

事要躬行。”问心立志，是“中学生英才计划”为赵紫宇同学带来的成长。

鼓励探索交叉学科，循循善诱挖掘潜力

2023年，程博教授指导了俞袁朴同学。这是一个非常聪明的孩子，高中的课程几乎门门都接近满分。他非常健谈，每次见面都能滔滔不绝地跟程博教授谈他对未来科学的见解，以及对现代科学的想法和质疑。很多时候他敏锐的洞察力和过人的理解力让程博教授的研究生都感到十分惊诧。他对交叉学科很感兴趣，未来想在生物学和计算机科学的交叉中寻求突破。程博教授建议他以后可以去学习神经科学，研究生物智能相关的课题。俞袁朴同学在“中学生英才计划”学习期间非常主动地向程博教授及她的研究生请教各种问题，他们亦被他求知好学的精神所感染，也跟他讨论了很多未来生物学发展甚至近乎科学幻想的议题。在“中学生英才计划”学习期间，程博教授还带领几名学生参加了在兰州举办的全国植物生物学大会。后来，俞袁朴同学参加了各种学科竞赛，获得了全国中学生数学奥林匹克竞赛（甘肃赛区）一等奖、第37届中国化学奥林匹克

（初赛）三等奖、2024年全国中学生生物学联赛一等奖等。2024年，他以高中二年级学生的身份参加高考并取得665分的好成绩，最终被中国科学技术大学少年班录取。程博教授和实验室的研究生们都十分开心。俞袁朴同学成功凭借自己的智慧和努力争取到了国内顶尖的学习平台，为之后的科学研究夯实了基础。明心扬志，是“中学生英才计划”为俞袁朴同学带来的成果。

获奖证书

俞袁朴 同学在 2023 年全国中学生生物学联赛中成绩优异，获得 一 等奖。

特此证明。

全国中学生生物学竞赛委员会 中国植物学会 中国动物学会

2023年7月

证件编号：620102200704044619

证书编号：B2327024

核查网址：http://czs.ioz.cas.cn

▲ 俞袁朴同学参加生物竞赛的获奖证书

激发兴趣持之以恒，提供平台逐梦而行

还有一名学生令程博教授印象深刻，他叫屠振元，是2024年加入“中学生英才计划”的学生，说话逻辑清晰且富有条理。从初入实验室开始，他就表现出了对生命科学浓厚的兴趣，这种兴趣是发自内心且极其热烈的。他会主动进实验室学习，并积极在研究生的指导下完成自己的课题。他在高强度、长时间的实验后不仅不会抱怨任何疲累，反而更加有活力地去总结和记录当天的所得。他说他还没有想好未来具体要从事什么研究，但是对生命科学的基础研究非常感兴

▲ 程博教授带领学生参加2023年全国植物生物学大会

趣。因为这种兴趣，他无须催促就能保质保量甚至超额完成“中学生英才计划”的任务。暑假期间，学院组织了很多学术报告，有生物育种方面的，也有神经科学、干细胞等生物医学方向的，屠振元几乎每次都参加活动；暑假期间，他只要有时间就会参加程博教授课题组的组会。他通过实验室的学习生活，更加坚定了以后要从事生命科学领域的基础研究、为国家科技事业增砖添瓦的决心。2024年底，屠振元同学被推荐参加生物“中学生英才计划”年终交流汇报。屠振元同学的日志、年终报告及汇报海报都选择了用英文来呈现。这种勤奋、坚持和自我挑战不仅体现了他个人的能力和积极进取精神，同时对程博教授的研究生们也是很好的激励。守心恒志，是屠振元同学在“中学生英才计划”培养过程中的收获。

在“中学生英才计划”实施过程中，程博教授发现针对高一的学生，如何调动其对生命科学领域研究的兴趣是工作的重中之重。刚上高一、生物学知识有限的同学们对生命科学领域充满了由未知带来的好奇心和探知欲；他们对未来的规划充满着少年独有的豪情壮志和美好愿景。但是，任何科学研究都不是一蹴而就的，任何一

▲ 屠振元同学做实验

▲ 屠振元同学与程博教授参加2024年在云南大学举办的生物学“中学生英才计划”年终交流汇报

个或大或小的发现或发明，都是经历了无数次失败后凝聚了每一名科研工作者血汗的瑰宝。所以，在扩充同学们基础知识的同时，要让其了解到科研工作者要历经重重磨难方能有所建树，并让其在了解到科研成果的来之不易之后依然对生命科学研究、对自己宏伟的理想保持一颗赤子之心，是导师的工作重点。同时，导师们也要打开思路，耐心地倾听每一名同学的心声，尝试走进他们的内心，以一名科研工作者的身份给他们一些合理的建议，帮助他们在未来的学科选择和职业规划中更好地发挥个人兴趣和特长。最后，希望在导师们的悉心指导下，每名学生都能“问心立志、明心扬志，守心恒志”，为我国基础学科的发展注入生机勃勃的新鲜血液。

以科教之光，照亮英才之路

云南大学　肖蘅

肖蘅 供职于云南大学，担任“中学生英才计划”生物学科的导师。领衔国家级教学团队与云南省名师工作室，主持国家级和省级一流课程、国家级和省级虚拟教研室，主导建立国家级人才培养基地与国家级大学生野外实践基地，主编国家“十二五”规划教材及云南省精品教材。

在过去四年的时光里，肖蘅教授指导“中学生英才计划”学生参加科技活动、学术研讨和科研实践，激发了学生的科学兴趣和科技报国的伟大志向，不仅为云南省的“英才”学生铺设了一条通往科学殿堂的光明大道，而且促进了中学教育与大学教育相衔接，为国家重大战略需求培养了后备力量。

趣向心中涌，引航智慧舟

肖蘅教授深知兴趣是学习的最好导师，因此在“中学生英才计划”中，他始终将激发学生对生命科学的兴趣放在首位。以肖蘅教授为代表的导师团深入入围云南省“中学生英才计划”的高中进行宣讲，详细介绍“中学生英才计划”的意义与价值，让更多学生了解“中学生英才计划”，激发学生们的积极性。肖蘅教授的博学与睿智深深感染了参加宣讲的同学，唤醒了他们对生命科学的热爱与向往。

在选拔过程中，肖蘅教授尤为关注学生的特长与兴趣，力求选拔出真正热爱生命科学、具有科研潜力的学生。“中学生英才计划”在云南省实施以来，吸引了一批对生命科学及相关学科兴趣浓厚的优秀学生，他们都渴求能获得更多生命科学新知识，想尽快进入实验室开展科学探索。但是，没有好的理论基础很难走得更远。为将学生的学习兴趣转化为学习动力，学生入选“中学生英才计划”后，肖蘅导师团队通过组织座谈会，让学生们了解中学与大学学习的差异，并亲自指导他们学习《生物化学》《细胞生物学》《遗传学》《分子生物学》《基础生态学》等大学生物学基础课程，为学生们打下坚实的理论基础。

实验加实践，活动阔视野

理论知识的学习是基础，实验技能的掌握同样重要。学生有了学习生命科学的兴趣，也学习了生物学的基本知识与原理，但他们的生物学实验基本操作技能几近空白。为了培养学生的实验操作能力，利用暑假时间，云南大学生命科学学院开放了生命科学国家级本科实验教学示范中心，“中学生英才计划”云南省管理办公室倾力协同组织，连续举办了三届云南省“中学生英才计划”暑期夏令营活动。包括肖蘅教授在内的“中学生英才计划”导师团队为云南省2022至2024年“中学生英才计划”学生、入围的高中生物教师集中开展实验培训。夏令营内容丰富多彩，包括DNA指纹图谱分析、重组质粒转化、琼脂糖凝胶电泳检测DNA等实验项目。此外，每年还会创新培训内容，提升活动质量。2022年，组织师生参与云南大学和清华大学合办的安进生物技术体验项目（Amgen Biotech Experience）；2023年，组织师生参加云南大学和清华大学生物科学“拔尖计划2.0”国际暑期学校；2024年，依托云南大学生命科学中心，为学生增加了线虫、斑马鱼等模式动物实验实训。通过亲身体验，学生们的实验操作技能得到有效提升，对于科学研究的理解也得到了进一步加深。

除了室内实验，夏令营还安排了实践活动环节，由“中学生英才计划”导师团队带领学生前往昆明植物园、昆明动物博物馆和澄江化石地世界自然遗产博物馆。肖蘅教授在讲解过程中，鼓励学生

▲ 肖蘅教授带领学生进行野外实习

近距离观察探索自然，体验地球生命起源及演化的历程，了解云南丰富的生物多样性资源。同时，启发学生在更高的境界理解“人与自然和谐共存”的理念，引导学生树立“绿水青山就是金山银山”的生态文明观。

“中学生英才计划”学生在与肖蘅教授的接触中，亲身感受到科学工作者在追求真理的过程中不断探索、勤勉工作、严谨客观的科研精神。此外，肖蘅教授团队成员、云南大学生命科学学院副院长和兆荣教授还结合亲身师承经历，向“中学生英才计划”学生讲述了老一辈科学家为国家社会经济发展与战略需求砥砺奋进、默默奉献的事迹，引导学生承担社会责任，鼓励他们树立远大理想，投身科学研究，励志将“爱国情、强国志、报国行”融入到全面推进强国建设、民族复兴的伟业中。

兴趣转课题，成就科学梦

在以肖蘅教授为代表的云南省“中学生英才计划”导师团队的悉心指导下，学生们不仅学到了生命科学的基本知识、原理和实验方法，而且找到了自己感兴趣的研究方向。他们基于对生命科学的热爱，将兴趣转化为课题，开展了一系列富有创新性的研究。

▲ 肖蘅教授在云南大学动物标本馆指导学生了解鱼类多样性

例如，云南大学附属中学星耀学校的李淳在完成“中学生英才计划”培养的同时，参加全国中学生生物学、化学奥林匹克竞

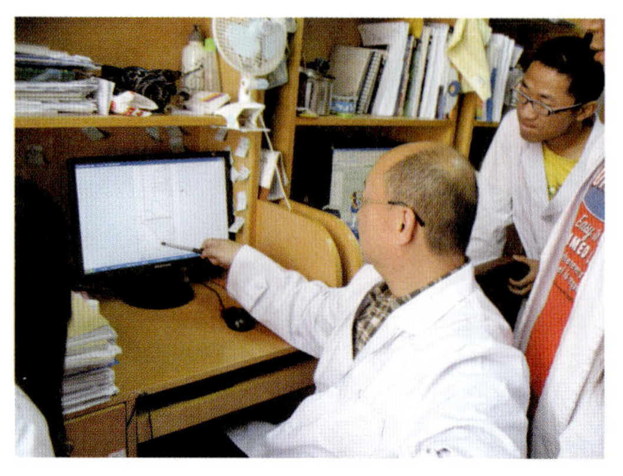
▲ 肖蘅教授向学生介绍金线鲃属标本记录和滇池金线鲃等研究进展

赛均获得银牌，入选 2023 年中国科学院大学夏令营活动，在 2024 年高考中取得全省理科前 50 名的好成绩，最终被北京大学生命科学学院录取。云南师范大学附属中学的徐子恒，参加全国中学生生物学奥林匹克竞赛获得铜牌，2024 年高考被北京师范大学生命科学学院录取。其他 8 名参与“中学生英才计划”的学生在2024年的高考中均取得优异成绩，分别被北京大学、复旦大学、同济大学、四川大学、中山大学、加利福尼亚大学伯克利分校等国内外著名高校录取。以上 10 名学生中有 7 名选择了生物科学及相关专业。

昆明市第三中学的邹禹含，经过系统学习，对生物信息学有了更深入的了解。邹禹含进入肖蘅教授团队后，由郭春明教授在实验室指导其开展相关研究，并撰写研究报告《基于有监督学习的大肠杆菌重点特征碱基序列识别选取研究》，在第 38 届云南省青少年科技创新大赛中荣获一等奖。邹禹含表示:“有幸入选‘中学生英才计划’，我的视野得到了极大的开阔，能力得到了不小的提升。我对生物学的研究，特别是生物信息学方面的研究，有了更深入的了解，认识到了生物知识的广博深奥，更锻炼了自己的表达与应变能力。我走进大学实验室，了解多种实验操作，与研究生、博士生交流，了解大学生活与研究方法。参与‘中学生英才计划’，使我的视野与思维上升到了更高的平台，接触到了生物研究更广阔的领域。”

这些学生的优异表现不仅证明了以肖蘅教授为代表的导师团队培养方法的有效性，更为云南省乃至全国的青少年科技创新后备人才培养工作积累了经验。

育才引路，科创未来

云南省自2021年加入“中学生英才计划”以来，已有3批次共30名品学兼优、学有余力、具有创新潜质的中学生走进云南大学生命科学学院，在导师团队的悉心指导和帮助下接受“中学生英才计划”的培养。

以肖蘅教授为代表的导师团队在培养人才方面所做出的努力与尝试无疑是成功的。他们不仅激发了学生的科学兴趣，还通过实践活动拓宽了他们的科研视野，最终将兴趣转化为课题，成就了学生的科研梦想。在以肖蘅教授为代表的导师团队的引领下，越来越多的优秀青少年将投身于科学事业，为国家的科技进步和创新发展贡献自己的力量。

星空筑梦，培育英才

河北师范大学　崔文元

导师简介

崔文元 供职于河北师范大学，担任“中学生英才计划”物理学科的导师。享受国务院特殊津贴专家，河北省“三三三”人才工程第一层次人选，德国海德堡大学高级访问学者，首批河北省青年拔尖人才，河北省杰出青年基金获得者。获河北省自然科学奖三等奖，第一完成人。长期从事恒星物理与银河系结构研究，在恒星演化与化学组成分析方面取得突出成果，发表SCI论文60余篇，并利用LAMOST数据开展相关科学研究。

激发兴趣，培养科学思维

在天文学领域，崔文元教授团队主要从事恒星物理相关研究，将物理理论、天文观测和数据分析相结合，具备多学科融合的特点。为了给“中学生英才计划”的高中生提供专业的科研训练，导师团队注重激发学生的科研兴趣，培养他们的科学思维能力，为未来的学术发展奠定坚实基础。

在高中阶段，学生的科研兴趣处于萌芽阶段，而天文学作为一门跨学科的科学，既涉及物理、数学，又需要强大的计算机应用能力。因此，导师团队设计了一套以“激发兴趣，培养思维，强化实践”为核心的教学理念，旨在帮助学生构建多元化的科研素养。

首先，导师团队通过介绍天文学的最新研究成果，激发学生们的兴趣，鼓励他们勇于探索未知的宇宙奥秘。团队强调，科研不只是枯燥的实验和数据分析，更是一次次充满未知和好奇心的冒险。学生们通过不断提问和深入研究，逐步培养起解决问题的能力和创新思维。

▲ 崔文元教授介绍天文知识

其次，团队注重在科研实践中培养学生的科学思维。在参与项目的过程中，学生们不仅学会了逻辑推理、实验设计，还学会了如何提出问题、分析问题，并通过查阅文献和实验逐步解决科研难题。这种思维方式的培养，为他们未来的科研之路打下了坚实的基础。

制订计划，开展系统培养

1. 教师科研成果介绍

每名学生进入课题组后，首先通过导师的科研成果介绍，了解当前天文学领域的前沿研究。这些成果展示不仅帮助学生们建立了对天文学的整体认识，也让他们了解到科研的实际应用和挑战，帮助他们思考自己的科研方向。

2. 参与课题组组会，培养科研思维

课题组定期组织学术讨论会，邀请老师和研究生分享他们的研究成果和心得。我们鼓励学生参与这些讨论，引导他们提出问题并发表自己的见解。尽管学生的科研经验较少，但通过与学术界的直接接触，他们逐渐学会如何进行学术讨论，如何批判性地思考科研问题。

3. 参观天文台与天文望远镜，提升实践能力

导师团队组织学生参观望远镜，亲身体验望远镜观测过程。例如，太阳黑子观测是其中一项重要活动。通过这种近距离的接触，学生们不仅学到了天文观测的技术，还掌握了如何记录和分析观测数据。这些实践活动大大提高了他们对天文学的兴趣，并帮助他们更好地理解课本中的理论知识。

▲ 崔文元教授和学生们观测太阳黑子

4. 科研方向的讨论与指导

在每个学期的初期，导师团队会与学生讨论科研方向，帮助他们根据个人兴趣选择合适的研究主题。天文学研究领域非常广泛，既包括宇宙、星系的研究，也涉及恒星、星云、粒子的研究。崔文元教授鼓励学生结合自身兴趣和能力，在老师的引导下选择具有挑战性的课题，逐步培养他们的科研独立性。

5. 参加专家学术报告，开阔学术视野

导师团队还邀请国内外天文学领域的专家进行学术报告，学生们通过参加这些报告，开阔了视野，了解了当前天文学研究的热点和未来的发展趋势。这些报告为学生们提供了宝贵的学术交流机会，也激发了他们进一步深入探索的动力。

取得成效，培养成果初显

1. 科研兴趣显著增强

通过参与“中学生英才计划”，学生们对天文学的兴趣大幅提

高。原本对天文学只有初步认识的高中生，通过深入的科研训练，逐渐明确了自己的科研方向，有些学生甚至表现出希望未来继续攻读天文学相关专业的强烈意愿。

2. 科研思维与能力得到提升

参与“中学生英才计划”的学生，不仅在学术知识上有了长足进步，科研思维也得到了显著提升。他们在问题分析、实验设计、数据处理等方面的能力逐渐增强，并且在组会讨论中能够积极发言，提出自己的见解。这种思维方式的转变，为他们未来的科研生涯奠定了重要基础。

3. 科研成果初见成效

尽管高中生的科研起点相对较低，但经过一系列培养，部分学生已经展现出初步的科研能力。例如，有些学生对快速射电暴（FRB）表现出浓厚兴趣，通过积极的文献调研，逐步明确了自己感兴趣的研究方向，并提出了初步的研究目标。这种自主探索的精神，反映了他们在科研素养上的显著进步，也为后续深入研究奠定了良好基础。

总结经验，探索未来路径

1. 因材施教，注重个性化培养

高中生的知识水平和科研能力存在差异，因此在培养过程中必须因材施教。对于具备扎实数学和物理基础的学生，导师团队会安排他们参与较为复杂的研究项目；而对于刚接触天文学的学生，导师团队会从基础入手，帮助他们逐步建立科学思维。只有因材施教，才能将每名学生的潜力最大化。

2. 提供更多实践机会，增强动手能力

实践是培养科研能力的关键。导师团队希望能够为学生提供更多实践机会，特别是参与天文观测、数据分析等具体科研活动。这不仅能够提高学生的动手能力，还能够使他们在实践中更好地理解科学理论。

▲ 崔文元教授和学生们参观望远镜观测台

3. 跨学科培养，提升综合素质

天文学是一门跨学科的科学，需要数学、物理、计算机等多个学科的知识，因此导师团队建议在培养过程中引入更多跨学科的内容，帮助学生建立更加全面的知识体系。

培育英才，塑造未来

东北大学　周炯

周炯 供职于东北大学，担任“中学生英才计划”化学学科的导师。主要从事超分子化学研究。在 *Chem. Soc. Rev.*、*J. Am. Chem. Soc.*、*Angew. Chem. Int. Ed.*、*Adv. Mater.*、*Nat. Commun.*、*PNAS* 等期刊发表 SCI 论文 60 余篇，被引用 3800 余次，其中 12 篇入选 ESI 高被引论文、4 篇入选 ESI 热点论文、8 篇入选封面论文。担任 *eScience*、*Smart Molecules*、*Carbon Energy*、*Exploration* 等期刊青年编委。荣获浙江大学竺可桢奖学金、国际先进材料学会科学家奖、全球前 2% 顶尖科学家、东北大学“五四奖章”等荣誉奖励。申请 / 授权国家发明专利 21 项。主持国家和省部级等科研项目 10 项。

立创新志向，燃兴趣火苗

面对这些稚嫩但充满好奇心的青少年们，周炯教授既感到欣慰，又感到了些许压力。周炯教授注重个体差异，因材施教，循序渐进地将自己的科研经验传授给他们。作为一名在教学与科研一线的工作者，周炯教授坚信兴趣是最好的老师，是创新的源泉，是面临挫折时的“加油站”。只有激发同学们的兴趣火苗，方能点亮在科研之海航行之动力。此外，科研是一项严谨的工作，容不得半点马虎，这需要科研人员建立规范的认知、实事求是的科研态度；更需要科研人员拥有心系家国的情怀，紧盯国家重大需求，着眼解决行业里的关键科学问题。这样才能使同学们在学习和工作的过程中保持清醒的头脑，独立思考、刻苦钻研，善于发现问题并敢于质疑答案，做一个知行合一、勇于创新的新时代青年。

▲ 周炯教授与学生线下交流

▲ 周炯教授参加“中学生英才计划”授书仪式

“授人以渔”，探索未知

周炯教授在 2023 年受到“中学生英才计划”的邀请，开始担任化学学科的导师，培养了 5 名辽宁省的高中生。对于刚刚进入高中的学生来说，他们中很大一部分对于化学的认知还处于启蒙阶段，知识结构还很不完善，更没有阅读过前沿文献。如果只是将研究生的课题分一部分给他们做，那最多只能算“授人以鱼”。而如果像研究生或本科生“大创”那样进行培养，学生的知识面可能不足，且他们的闲暇时间非常有限。如何在有限的时间里，根据每名学生的特点，更有针对性地把他们带上研究创新的道路？周炯教授认为，高中生培养的第一步是兴趣与视野的搭建，这也可能是最重要的一步。这其实就是人们对于日常生活中很多科学问题的思考。发现问题不但需要观察、思考，还需要逻辑思维的培训。在与学生的交流中，周炯教授常鼓励学生“会提问、爱思考”。他希望通过启发式讨论，让学生主动思考更多更有意思的问题，并积极寻找这些问题的答案。

▲ 周炯教授与学生在东北大学化学实验教学中心的合影

一些高中生对科研过程产生兴趣和想法之后，会寻找探索科研的机会。“中学生英才计划”提供了一个很好的平台。在面试过程中，学生自主提出研究性课题的计划，导师会与他们当面进行讨论。其实，学生提出的课题本身并不是最重要的，重要的是提出课题过程中表现出来的科学兴趣、知识基础与逻辑能力。这种引导式的讨论并不会影响他们正常高中化学学习的进度。通过相互提问和分析，他们会逐渐体会循序渐进的逻辑思考过程。这个过程重视的不是讨论的结果，而是思维方式的熏陶培养，以及尝试激发他们求知的兴趣。

▲ 周炯教授与学生参加东北大学百年校庆活动

探索未知，研学相融

接下来很重要的一环，就是学生亲身参与和经历科研过程。任何课题的想法设计，都需要通过不断的动手实践才能得以证明。周炯

▲ 席丰承、李佳睿、徐睿泽同学在实验室进行BODIPY的合成及性质实验

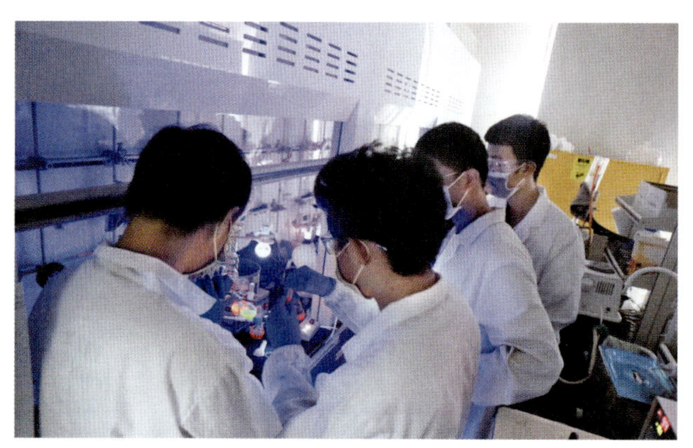

▲ 学生进行荧光实验

教授通过与学生交流、讨论，最初提出一个基本的、感兴趣的问题，并且分析各种假设，设计了几种不同的方案，最终再由学生逐一开展探索与分析。学生们在科研过程中学到的方法，虽然在短期内（比如高中阶段）也许不会有直接帮助，但是学生们学习的是一种获取知识的方法，同时亲身的经历与长期的积累将逐渐培养他们的思维方式和解决问题的能力。在严格保障实验过程安全的前提下，周炯教授团队鼓励高中生独立动手开展实验。通过亲手实践的过程，同学们能自己体会到，从科研实践中获得知识与从课本上直接阅读知识究竟会有什么不同。

周炯教授团队会指导学生如何查阅相关的数据库，从而获取学科前沿讯息，提升他们检索信息的能力；同时周炯教授团队经常举行线上线下的讨论会，一起学习基础知识、追踪前沿科学进展。他们还让学生参与实验，如偶氮吡啶的合成、氟硼二吡咯染料的合成、溴乙基柱五芳烃原料的合成等基础的有机合成。学生们同时也学习了一些常用的分析测试表征手段，如质谱、气相色谱等仪器的原理和用途，并通过课题选择、设计方案、动手操作，体验科研收获和科学研究的喜悦。在“中学生英才计划”中，周炯教授有时会将自己的学习笔记分享给学生，以自己的亲身学习经历和成果为素材，让学生切实感受到科研的严谨与多彩。同时，周炯教授常教导学生们把复杂的问题简单化，把简单的问题完美化，切忌用复杂的方法完成一件简单的事情。

教学相长，双向受益

人才的培养是一个漫长的过程，需要不断的付出与辛勤的浇灌。“中学生英才计划”从实施到现在，结果还是令人满意的。周炯教授觉得想要突破自我，必须要打破现有的认知“天花板”，努力尝试新方法、新思路和新方向。而“中学生英才计划”可为学生提供学习、交流与成长的沃土，帮助他们实现知识体系飞跃式的进步。

孟子认为，君子有三乐，其第三乐即“得天下英才而教育之”，就是得到天下的优秀人才并教育他们。周炯教授参加“中学生英才计划”的初衷就是希望利用这个优秀的平台，接触到更多的优秀中学生，激发、引导他们的学科兴趣，拓宽他们的视野，让他们走得更高更远。让我们齐心协力为中学生的培植提供成长沃土，共同培育“英才”，使他们早日服务于国家、服务于人民。

携手乘风破浪，共赴星辰大海

南京航空航天大学　李晋斌

李晋斌供职于南京航空航天大学物理学院，担任“中学生英才计划”物理学科的导师。兼任教育部科学教育专家委员会委员、教育部文科物理委员会秘书长、中国物理学会教学委员会委员、江苏省“中学生英才计划”物理委员会委员；曾获科学营全国优秀科技工作者、“典赞·科普江苏”年度集体带头人、全国科学实验展演一等奖及最佳创意奖、江苏省教育贡献奖、江苏省志愿服务事业贡献奖。指导学生获得“江苏省青少年科技创新培源奖”、泰州市青少年科技创新市长奖等荣誉。

10年来，李晋斌带领团队以“空天物理点燃青少年星辰大海梦”为使命，以“优势科研平台赋能科学普及”为宗旨，激发青少年好奇心、想象力、探求欲，培育具备科学家潜质、愿意投身科学研究事业的青少年群体。

创设情景，激发科学兴趣

李晋斌深知“中学生英才计划”的非功利属性，只有激发起学生兴趣，才能保障计划取得实效，因此确立了以“兴趣激发”为第一要务的工作原则。他充分利用学校的御风园、航空馆、航天馆等爱国主义航空航天教育基地，学院的“空天物理+”江苏省科普基地和“空天信息材料与物理”工信部重点实验室等平台。每年在参加拜师仪式、中期交流、结题汇报等活动的同时，带领学生参观这些基地和实验室，结合具体型号给学生介绍祖国航空航天事业的奋斗与辉煌，激发他们的民族自豪感和自信心；他讲解南京航空航天大学物理学科研究的领域和贡献，让学生系统、详细地了解整个重点实验室，以及各个科研团队的研究领域和相关成果。在这个过程中，中学生对前沿课题会充满好奇，导师团队会细致、耐心地解开他们心中一个个疑团，学生对整个物理学科的培养目标和具体培养方法有了明晰的认识，对物理研究的兴趣逐渐转成志趣，投身科研的梦想逐渐转成信念。

2021年，学生吴诺在拜师仪式结束后参观实验室的过程中，对制作可控核聚变装置产生了浓厚的兴趣。接下来一年的培养过程中，吴诺同学深入调研、开题汇报、方案经多次修改成型，接下来努力攻关，每月保持了不少于一次的线下或线上交流，做出成品并撰写论文，将自己的科研潜质充分发挥出来，并逐渐升华成从事科研的本领。他的付出也得到充分肯定，荣获“江苏省青少年科技创新培源奖”，江苏省科协主席陈骏院士对该项目的原创性给予高度评价。

▲ 李晋斌教授指导学生获得“江苏省青少年科技创新培源奖”

循序渐进，培养科学方法

“中学生英才计划”的目标是培养具有家国情怀、责任担当的科技后备领军人才，期望在学生心中，埋下一颗科技创新的种子，并期待未来的发芽与成长。团队助力学生迎接未来面向真实科研与工程的挑战，在培养过程中逐步增加科研难度，引领学生前进。参与“中学生英才计划”的学生理科基础扎实，学习能力强，对未来充满期待，但是由于中小学有重考试轻实践的倾向，团队竭尽全力引导学生学习观念和方法上的转变，为学生未来全方位的成长提供了支持。团队在全院征集基于科研与工程的适合学生的课题，这些课题包括国防项目（不涉密）、工业现场、人工智能、南极科考等。团队也收集了往届“英才学生”提出的课题，贴近生活与社会需求，课题逐年扩充，2015 年以来累计已超过 90 项，这些课题在培养之初发给学生。经过多年实践探索，团队形成了一套结构化培养流程，让学生有迹可循，培养有理可依。当然，团队制订的只是架构，具体时间节点、产出、内涵和形式会跟随实际进度调整优化。这套培养流程保证了每名学生都经历独立思考、文献调研、交换观点、思维碰撞、合作共赢、总结提升的科学方法训练，这一过程也让他们身

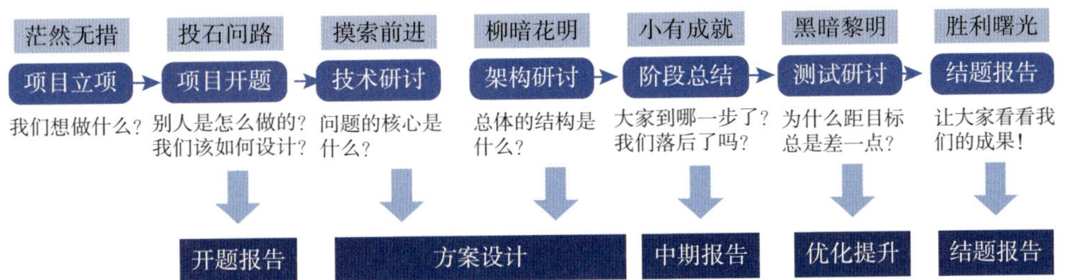

▲ “中学生英才计划”过程化培养

上的科学家潜质在潜移默化中逐渐升华成从事科研的素质。

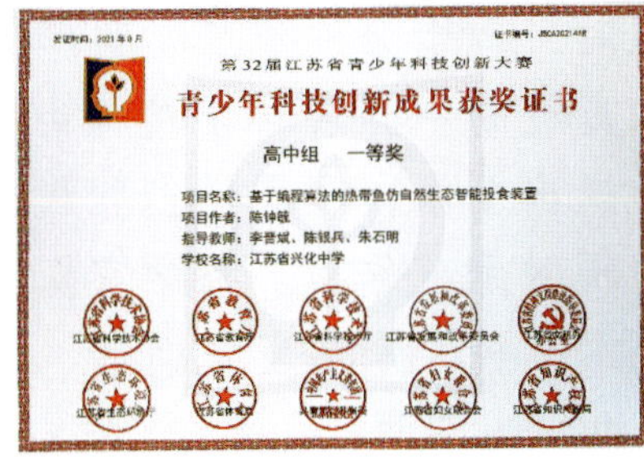

▲ 陈钟毓同学获得的奖项

2020年，学生陈钟毓在参加智能生态系统的搭建与优化时核心问题研究遇阻，结构化的流程让他清楚如何寻求帮助。他与课题组研究生连续两周深入研讨，问题得到解决，柳暗花明后一路高歌猛进。到了测试环节他发现几项指标偏差太大，无论怎么调试也不行，这可真是黎明前的黑暗，那个周末团队全部研究生和导师都陪他在实验室研讨，给予技术和理论等多层面的指导，终于攻克难关。在汇报环节，他由衷感谢各位学长和导师，让他体会到真实的科研，整个过程痛并快乐着，成果和精神两个层面都收获满满。他的付出也得到了应有的回报，荣获江苏省青少年科技

▲ 李晋斌教授对曹小哲同学进行智能小车系统改进与提升指导

创新大赛一等奖和第七届泰州市青少年科技创新市长奖。

润物无声，涵养科学精神

团队深知“中学生英才计划”开展的不仅是精英学生培养，更是为国家发展播撒战略火种，培养具有家国情怀、责任担当的科技后备领军人才。团队在学生身上播撒科学创新的种子，引导他们走上科学道路的同时，也十分注重日常科学精神的浸润。团队积极与相关高中联系，走进高中开展科学精神讲座，也对参加“中学生英才计划”的同学提出要求，和同学们积极交流，让“中学生英才计划”发挥更大的辐射示范作用。科学家探索未知、创造未来的一个个鲜活案例，展示了科学家从发现问题、提出方案到揭示真理的艰辛历程；团队通过中国“两弹一星”、航空航天等领域科学家报效祖国的历程，带领学生们感悟老一辈科学家的爱国、求实、奉献、协同的精神品质，领悟科学家精神、载人航天精神等，引导学生们要胸怀祖国、服务人民。

▲ 学校举行弘扬科学精神活动

立足当下，展望未来发展

“中学生英才计划”是为国家发展播撒战略火种，为基础学科培

养拔尖人才，为有志青年插上梦想翅膀，意义重大。经过多年实践，团队觉得做好这项工作，需要做好五个结合：一是与科学教育相结合，二是与学生的生涯规划教育相结合，三是与促进学生综合发展相结合，四是与高中科创活动相结合，五是与高校强基拔尖计划相结合。学校应充分利用好每次“中学生英才计划”专家、教授进校园做报告和宣讲项目的机会，组织全年级学生聆听报告，让更多学生了解科技前沿知识，接受生涯规划教育，点燃科学梦想。学校不仅考虑科研、科技活动经历，还对学生高一全科成绩和日常行为规范表现都有严格要求，旨在引导学生认识到“英才”要全面综合发展。学校通过科技创新学院，积极开展科技创新活动，如校科技节、校科技创新成果比赛等，营造学生关注科技、积极探究的良好氛围。

点亮兴趣的灯，照亮未来的路

广西师范大学　吴琼

导师简介

吴琼 供职于广西师范大学生命科学学院，担任“中学生英才计划”生物学科的导师。广西科技专家库专家，中国遗传学会细胞遗传学分会委员，广西师范大学优秀教师，北京师范大学访问学者。从事干细胞与免疫衰老方面的研究，主要包括成体干细胞衰老调控的关键基因及其在肥胖、衰老相关疾病控制中的治疗与应用研究。在不同年龄 / 部位来源脂肪干细胞移植减重和抗衰老效果差异及作用机制方面的发现，有望在抗衰老的细胞疗法方面提供新的靶点应用。

生物学是探索生命现象和生命活动规律的科学，是自然科学中的一门基础学科。“中学生英才计划”为高中生架设了与大学之间的桥梁，可以让高中生提前了解生命科学研究领域的研究方法和前沿进展。“兴趣、实践、创新”是吴琼教授团队培养的核心理念。

发现兴趣起好头

兴趣是最好的老师，青少年具有很强的可塑性，兴趣爱好的驱动力能激发他们无限的潜能。如何从分支众多的生物学科中找到感兴趣的方向至关重要。要激发学生对一个领域的兴趣，首先需要让学生对该领域的前沿进展、核心难题、知识应用、行业发展等有深入的了解。为此，吴琼教授团队首先安排学生们参观广西科学院细胞库、广西高校干细胞与医药生物技术重点实验室、广西师范大学生命科学学院珍稀濒危动植物生态与环境保护教育部重点实验室、广西师范大学生物多样性博物馆，了解生物相关的研究领域和行业情况。接下来，团队通过来自不同研究领域教授的专题报告（干细胞与细胞治疗、基因表达调控的方式、基因间互作的遗传方式、植物的起源与演化、微生物的发酵工艺、蛇的进化等），让学生了解当前生命科学领域的前沿进展和需要解决的科学问题。学生通

▲ 学生们观察PCR凝胶电泳图

过座谈，与各位教授、科研工作者面对面交流，了解生命科学的研究怎么应用于社会实践中。大学的教授们由于长期专注于自己的研究领域，思维会相对局限。因此，团队在项目活动中，安排了多位不同研究领域的教授，从生物学的不同领域出发，带学生们全面了解生物学。在活动中，学生们自主地发表看法。他们对生物学科的了解不只停留在科研创新成果上和一些简单直白的科普知识中，更是对生命学科的发展所用到的科研工具和方法有了进一步的认识，同时对生物经济的产业、生物科学的发展前景有了更加直观和深刻的认识。

培养兴趣开好头

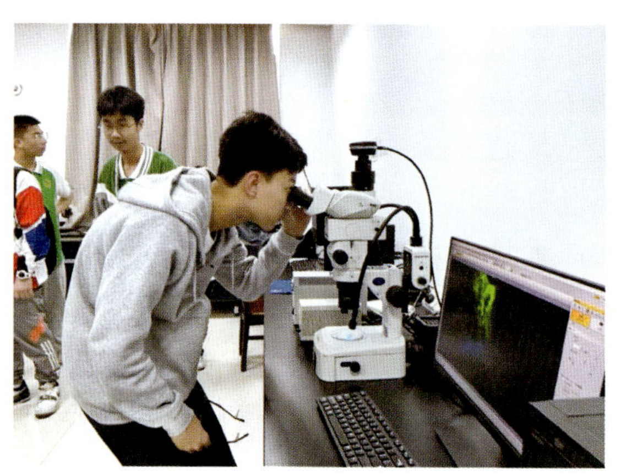

▲ 马千里同学认真观测实验数据

生物科学这门学科概念比较抽象，尤其是涉及基因、DNA、蛋白质等微观分子。这些看不见、摸不着的物质，不亲自动手操作的话会由于知识抽象、晦涩难懂而让人望而生畏。因此，团队安排学生每周进入实验室学习，并配备研究生助教指导他们学习实验技能。培养期间，团队开展了流式细胞术及荷瘤小鼠脾脏T细胞丰度分析、DNA的提取、PCR，以及利用RT-PCR鉴定基因敲除小鼠的实验操作。学生学习和掌握了流式细胞仪的工作原理与操作方法、荷瘤小鼠的构建、小鼠解剖与脾脏细胞提取、T细胞的检测、分子生物学操作等实验技能。学生积极参与实验讨论，并在助教指导下亲自完成一定的实验内容，在实践中对生物科学研究有了更深刻的认识和理解。学生们在导师的指导下掌握了生命科学研究的方法和实验过程，了解了各个

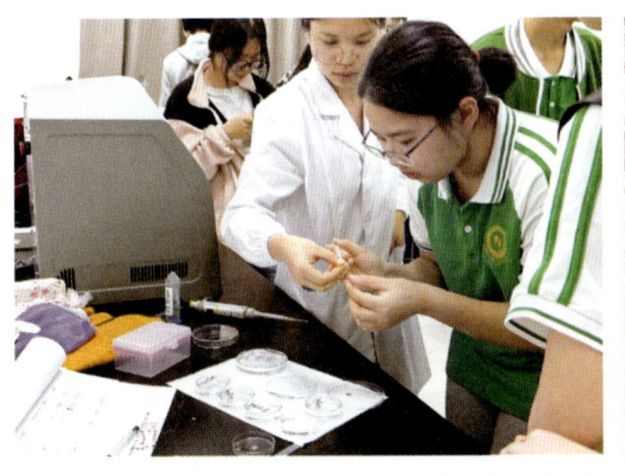

▲ 研究生助教协助学生进行实验操作

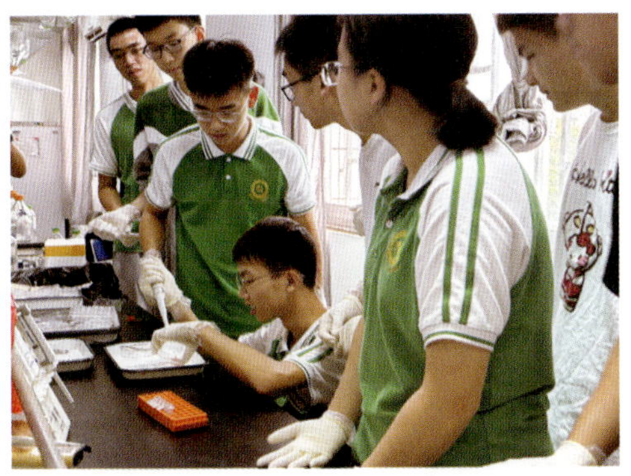

▲ 学生们进行小鼠骨髓细胞分离的实验

领域的学科前沿和先进技术，深刻感受了科学研究的奇妙。

信息技术赋能，多学科交叉拓宽视野

对于一些与工业生产相关的生物技术领域，团队利用虚拟仿真实验，带领同学们了解了微生物发酵的原理与工艺流程。发酵工艺广泛应用于食品、饮料、制药、化工、农业等多个领域，是现代生物技术的重要组成部分。发酵工艺与原理是微生物学、工程学等多个学科交叉融合的产物，具有广泛的应用前景和重要的经济价值。另外，团队也带同学们认识和了解了一些大型仪器，如流式细胞仪、荧光共聚焦显微镜等的检测原理、工作流程和应用案例。利用这些大型仪器进行的相关研究都会涉及细胞生物学、分子生物学、免疫学、光学等

▲ 韦媛馨同学使用荧光显微镜观察斑马鱼体内绿色荧光蛋白的表达

▲ 吴琼教授在专题课上授课

学科基础知识，极大地拓宽了学生视野，提高了学生的兴趣，使学生树立了学习生物与医学的理想。在教学过程中，学生表现出敏锐的思维、浓厚的兴趣和杰出的领悟力，也让课堂更加生动、活跃。

在实验室浓厚学习氛围的熏陶下，团队培养学生的主动创造性思维，使他们比同龄人更早地接触科学研究，开阔眼界，锻炼动手能力，同时也培养他们的科学精神。同学们表示，正是参加了“中学生英才计划”的活动，才进一步了解到了生物学的方向、前景，从而对生物学产生了浓厚的兴趣，一些同学也尝试通过参加生物学科竞赛等相关的活动，来巩固和检验自己的学习和实践能力。参加“中学生英才计划”的这些同学在生物学科的各项创新培养活动中都崭露头角：3位同学参加中学生生物学科竞赛获省级一等奖，有2项作品参加市级青少年科技创新大赛获一等奖，还有同学申请并参加了北京大学中学生暑期课程（基础医学），让同学们的科学素养、实践能力、团队协作等能力得到了提升。

“中学生英才计划”为孩子们点亮了兴趣的灯，让他们发现了兴

趣点。然而，发掘兴趣只是第一步，将其培养成一项长久的爱好乃至专长，则需要持续的实践与坚持。在这个充满挑战与机遇的时代，年轻人的成长承载着社会的需求和家庭的寄望。承接“中学生英才计划”项目让吴琼教授认识到了自己所担当的责任。“中学生英才计划”培养活动也让同学们感受到了生物学科的魅力，深刻认识到生物不仅在书本中，更是在我们的生活中。未来，希望同学们能够保持对未知世界的好奇心，让兴趣成为照亮未来之路的星辰，将兴趣转变为未来职业道路上的独特竞争优势，勇于探索，不断前行，为揭示生命的更多奥秘贡献自己的力量，成为我国未来生物学科研力量的主力军。

▲ 吴琼教授带领学生参观广西师范大学生物多样性博物馆

启智传薪火，合作勇创新

启发式教学，实践出真知

北京大学　姚锦仙

姚锦仙 供职于北京大学生命科学学院，担任“中学生英才计划”生物学科的导师。研究领域为进化生物学和保护生物学。曾获国家自然科学基金青年基金支持，并参加多项国家自然科学基金和科技部国际合作重点项目，主持多项生物多样性保护项目。在国内外学术刊物上发表论文共 20 余篇，主编和参编多部教材和专著。

因材施教，注重实践

结合“中学生英才计划”的培养目标，姚锦仙教授的教育理念是引领学生探索未知，塑造未来的科研梦想。

在培养过程中，姚锦仙教授以兴趣为导向，因材施教，注重启发式引导和自主学习能力的培养，秉持实践出真知的理念，同时注重正面激励。“英才”学生各有各的特点，在培养过程中，她结合每名学生的兴趣、特长和知识结构，通过讨论沟通，与学生、助教一起确定每名学生的具体研究题目。

在研究项目实施过程中，姚锦仙教授鼓励学生主动探索、积极思考，结合研究问题，进行引导式讨论，以提出疑问等方式，激发学生的好奇心和求知欲，让学生在解决问题的过程中体会科研的魅力，同时注重培养学生的自主学习能力、创新能力、沟通能力和批判性思维。

理论基石需要通过实践才能转化为能力。在培养过程中，她注重实践，让学生在实践中不断学习、成长和提高，体会“纸上得来终觉浅，绝知此事要躬行”的道理。

她依据每名学生的不同特点，激发他们的潜能。她在学生遇到困难时积极鼓励，一起分析问题、解决困难。她爱护学生的科研热情和兴趣，增强他们的科研自信心和成就感。

挖掘学生科研潜力，提升学生综合科学素养

让学生走进实验室，体验科研的乐趣；让学生走进北京大学，感受校园文化。在培养过程中，姚锦仙教授不断挖掘学生的科研潜力，提高学生的综合科学素养，结合学生实际知识水平进行指导。

姚锦仙教授指导的培养方向主要涉及生态与演化生物学前沿领

域，她通过结合形态学、分子生物学和生物信息学等研究方法，让学生了解并掌握生物学的思维方式、分析解决问题的方法及实验操作能力等，让学生走进实验室，沉浸式进入科研项目，增强学生对于科研的兴趣、热情及理解。在培养过程中，姚锦仙教授不仅关注学生的研究结果，也很关注学生思维过程的培养，从根本上提升学生的科研素养，包括研究能力、思考能力、动手能力和写作能力等，培养学生独立开展和设计科学实验的能力。

在初期，姚锦仙教授通过了解学生兴趣，为不同的学生选定自己的课题，或侧重大数据分析，或侧重实验操作，或侧重理论研究，或侧重应用研究。通过文献资料阅读，她引导学生总结思考，提出自己的问题，根据需要确定自己的实验方案。

在具体研究实践开展过程中，针对高中生生物理论知识及实验技能与实际研究项目存在差距的情况，姚锦仙教授和助教团队认真讨论和准备，一方面引导学生熟悉研究背景和基础理论知识，另一方面根据项目需要指导学生学习实验技术和软件使用。在项目实施

▲ 郝浚源同学进行生物实验

▲ 樊溶溶同学参加“中学生英才计划”论坛

过程中，学生不断提高理论水平、实验设计和操作能力，以及对所获得数据的分析能力、对研究结果的总结能力，比如对濒危物种及其分布数据的理解与分析能力、软件的使用及分子生物学实验操作等问题。尤其涉及实验操作时，姚锦仙教授会对学生进行一对一的指导，详细将实验原理和流程、实验的科学意义及操作进行讲解和示范，使中学生经过严格的培训，能够快速掌握诸如无菌超净台、离心机、移液枪、灭菌锅等常规仪器的使用，能安全有效地进行动物组织或粪便的 DNA 提取。

同时，学生通过培养均具备了科研文献检索、阅读和数据提取能力、计算机软件（如 Mega、ArcGIS 等）的使用与数据的统计分析能力。在此过程中，她不但激发了学生的研究兴趣和探索精神，深入理解科研，也培养了学生良好的合作意识和沟通能力。

持之以恒，“英才”学生培养效果明显

自 2017 年至 2024 年，姚锦仙教授连续担任“中学生英才计划”导师 7 年，指导包括北京四中、人大附中、北大附中、清华附中、第一〇一中学、汇文中学、景山中学、北京第二中学、上地中学、第六十六中学和第五十五中学等北京市多所中学的高中生共计 22 人，进行生态与演化生物学方向的研究探索项目。其中多名同学的研究成果获得多项奖励，包括北京金鹏科技奖、北京青少年科技创新奖、北京“小院士”科技教育项目等。多名同学获得“中学生英才计划”优秀学生称号并被推荐参加国际奖项冬令营。

获奖证书

任天骄 同学

学校：北京市第一六一中学

在 2022 北京“小院士”科技教育活动—项目研究展示中，表现突出，成绩优异，经过专家委员会与公众打分评议，决定评为

北京少年科学院 小院士称号

所研究的项目荣获 一等奖

▲ 任天骄同学的获奖证书

目前，这些同学大部分已进入重点高校学习，如清华大学、

南开大学、中国农业大学等，多就读于“中学生英才计划”培养方向相关的专业，未进入相关专业的同学也表示“现在回想起来是一段特别宝贵的实践经历”。最早参加“中学生英才计划”的学生已经读研，继续在中国科学院从事与“中学生英才计划”期间进行的课题相关的鱼类学研究。这些优秀的学生都是未来重要的科技创新后备人才。

积极总结，不断探索指导模式

科研的过程是不断学习和创造的过程，是促进学生成长的方式，科研实践是其中重要的部分，对培养学生的学术志趣和创新能力很重要。通过多年指导“中学生英才计划”中学生的经验，姚锦仙教授不断总结与思考遇到的问题、挑战及解决方案，不断探索有效的中学生科技创新后备人才指导方式。以下几个方面很重要：

第一，科研思维。让学生区分科普和科研，知道如何做科研。“中学生英才计划”的培养让学生从科研小白到了解怎么做科研。强调研究项目的总体框架和课题的意义，提升学生思考的深度和维度。

第二，耐心细致。在培养过程中，需要以高中生认知能力可以理解的方式进行理论讲解和实验操作示范，保证项目顺利开展及实验安全。

第三，督促进度。制订项目进度表，定期与学生沟通，确认实验进度。通过一对一的指导，敦促学生按时完成计划任务，保证项目的顺利进行。

第四，人文关怀。姚锦仙教授所指导的这些优秀中学生的课题范畴多属于保护生物学研究，在研究过程中同学们也体现出了生态理念和人文情怀——做生物保护是需要最广泛和崇高的同情之心的，科学研究背后所蕴含的人文关怀终将是推动科学研究发展的根本——在保护生物学中更是如此。这也是“中学生英才计划”培养的一个重要方面。

构建创新型人才培养模式的探索与实践

北京航空航天大学　李红裔团队

导师简介

李红裔 供职于北京航空航天大学，担任“中学生英才计划”数学学科的导师。北京市教学名师，国家一流课程负责人，国家规划教材主编。获得“首都劳动奖章”、工信部工信先锋、宝钢优秀教师奖、省级教学成果二等奖、北京市师德先进等荣誉。从事信号处理中的数学理论与算法等研究，发表学术论文100余篇，主持多项国家自然基金面上项目、JKW基础加强计划项目1项、“973”子专题等重点科研课题10余项。

“中学生英才计划”旨在选拔一批品学兼优、学有余力的中学生走进大学，培养学生们进行科学研究。如何指导学生开展科学研究、学术研讨和科研实践呢？李红裔研究团队坚持“以学生为中心，以问题创新为导向”的培养理念，经过7年的探索与实践，构建出“中学生英才计划”有效的系列创新人才培养模式，激发了学生们的科学兴趣，提高了他们的创新能力，取得了非常好的效果。

通过科技讲座的创新培养模式，激发学生的科研兴趣

团队教师以“应用数学为导引，研究型教学与实践教学相结合”为研究思路，设计科技讲座的创新培养模式，进一步培养学生的创新能力。

多学科交叉的科技讲座将课内知识延伸至科技领域，通过对课堂掌握内容的增补和对科技知识的介绍，让学生们理解运用数学知识解决科技问题的思想方法。以数值线性代数研究方向为例，李红裔团队目前已经成功举办了“线性映射在插值计算中的应用”“线性代数与量子力学”等多场数值线性代数科技讲座。这些讲座除了讲解基本知识，还引入了数值线性代数在信号处理、物理学等领域的应用，提高了学生对数值线性代数应用领域的认识，激发了他们的学习热情和科研兴趣。

设计数学建模的创新培养模式，提升学生的创新能力

数学建模是一种创造性活动，在培养学生的创新能力方面发挥着巨大的作用。数学建模培训着重对学生进行专业的数学理论和技巧指导，把培养学生应用数学能力作为首要任务，让学生尝试合作建立数学模型解决问题。数学是思维的体操，数学建模培训以应用数学能力的培养为主线，设计与研究内容有关的题目，从问题出发

帮助学生理解貌似抽象难懂的数学概念，锻炼其逻辑思维，培养创新实践能力。

团队主要采取“经典案例教学法”，通过介绍具体的建模案例，使学生理解运用数学模型解决实际问题的思想方法，尤其是贯穿于建模过程中的“定量化思考”的理性思维。在团队的指导下，学生的数学素养、综合能力和创新精神得到了显著的提升。

团队传承和个性化指导相结合，因材施教

首先，所有学生进入团队之后，导师和助教会进行“一对一”的指导，结合学生的自身情况制订个性化的培养方案，包括具体的学习任务和科研计划。

其次，团队让学生每周参加研究生讨论班，直接了解高校中真实的科研情况。与此同时，团队定期从理论和实践等多个角度解答学生的疑问，让学生切实体会到书本知识在实际中的应用价值，引导学生逐步形成良好的科研素养。

构建“中学生英才计划”系列创新人才的培养模式

团队以“分类指导，因材施教”为指导思想，建立学生的创新培养模式，对有研究潜力的学生进行科研指导，通过专题探讨、科技写作和创新实践活动，培养创新拔尖人才。

1. 专题探讨

对科研具有兴趣的学生集中进行专题探讨，例如信号处理中的数学理论与方法、网络空间安全等研究专题，主要是以“培养学生应用数学能力”为目的，定期进行专题探讨和学习，进一步培养学生开展科学研究的兴趣。

2. 科技写作

团队通过让学生阅读大量科技前沿文献，并指导他们进行科技写作，进一步加强他们的自主创新意识和实践能力。在学生对科学前沿领域有了一定的了解和认识之后，团队组织他们阅读具有代表性的论文并汇报。在培养过程中，团队鼓励学生自主发现问题、研究问题，并主动查阅相关资料。当学生对相关领域有了清晰的了解之后，他们再鼓励学生独立撰写论文，充分发挥自己的创新能力。

3. 创新实践

团队通过鼓励学生把在讨论班所学应用到项目中，提升他们的自主创新能力。在进行论文阅读的同时，团队也积极申请科研项目，在申请项目的过程中，学生在研究方向和团队合作两个方面都能收获经验，为以后的学术研究和实践奠定基础。

在团队的培养下，学生们的创新能力得到了极大的提升。7年来，近30名学生全部完成了科技小论文的撰写，其中孙志宇、毛悦合、王涵怡这3名学生荣获“中学生英才计划”全国优秀学生，取得了非常可喜的成绩。

4. 优秀学生培养案例

▲ 李红裔教授指导王涵怡同学答辩

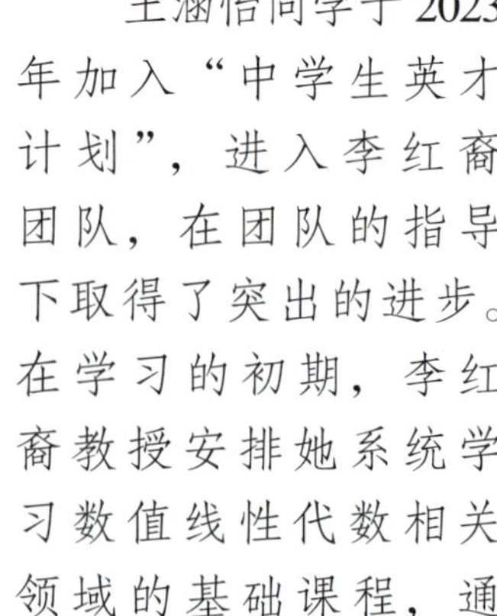
王涵怡同学于2023年加入“中学生英才计划”，进入李红裔团队，在团队的指导下取得了突出的进步。在学习的初期，李红裔教授安排她系统学习数值线性代数相关领域的基础课程，通

过撰写读书笔记、参与学术讨论等方式，夯实她的理论基础。之后，李红裔教授发现王涵怡对方程组理论研究很感兴趣，就与她讨论初步的研究方向。同时，李红裔教授还亲自带她每周参加信号处理讨论班，在老师指导下分享自己在阅读文献或研究过程中的新发现，这些发现往往能引发更多的思考和讨论。

王涵怡同学回忆道：“一次，老师向我们介绍了杨－巴克斯特方程，我当时就被该方程 AXA = XAX 的特殊形式深深吸引了。课下，我询问老师有关该矩阵方程的更多内容，老师为我搜集了适合我阅读的相关文献。在我了解过后，找到李老师，想将其确定为我课题的研究方向。李老师听后，建议我直接研究 A4 = –A 这一形式的通解。老师开拓了我的思路，用更广阔的视角看待我原先的问题，带给我海阔天空的视野。李老师不仅是我学术上的引路人，更是我人生中的良师益友。她教会了我如何以严谨的态度对待科研，以开放的心态拥抱新知，以坚韧不拔的精神面对困难。更重要的是，她让我明白了学术研究的真正意义在于探索未知、服务社会、促进人类

▲ 2023年“中学生英才计划”全国优秀学生颁奖仪式

文明的进步。这段经历将成为我人生中最宝贵的、最有意义的记忆之一，激励我在未来的道路上不断前行！非常感谢我的导师李红裔教授对我卓越的指导！”

李红裔教授定期与王涵怡进行一对一的交流，了解其研究进展，解答疑惑，并适时调整培养计划。在此基础上，王涵怡同学研究撰写了一篇《关于杨－巴克斯特型矩阵方程求解》的论文，该论文中清晰地介绍了杨－巴克斯特型矩阵方程的基本概念，并且提供了详细的求解方法和例子，展示了不错的数学功底和独到的创新思路。该论文结构合理、逻辑清晰、语言流畅，使用的示例也有助于读者更好地理解论文的内容。李红裔教授建议王涵怡同学在进一步的研究中探索更多的杨－巴克斯特型矩阵方程求解方法，或者将其应用到实际问题中。

最终，王涵怡同学荣获 2023 年“中学生英才计划”全国优秀学生、第 43 届北京青少年科技创新大赛一等奖等多项青少年科技创新奖项。

中学生英才计划
优秀证书
CERTIFICATE OF EXCELLENCE
Hereby present the certificate to
王涵怡
入选 2023 年中国科协、教育部共同组织的中学生科技创新后备人才培养计划（中学生英才计划），在 北京航空航天大学 完成 数学 学科一年期培养，被评为年度优秀学生，特发此证。
for being awarded outstanding student of the year during he/she fully involved in and finished the 2023 Science Talent Program jointly organized by China Association for Science & Technology(CAST) and Ministry of Education of the People's Republic of China.
中学生英才计划数学学科工作委员会主任
Director of the Mathematics Committee of Science Talent Program
中国科学院院士
Academician of Chinese Academy of Sciences
2023 年 12 月
December 2023

英才计划
YINGCAIJIHUA
优秀证书
CERTIFICATE OF EXCELLENCE
Hereby present the certificate to
毛悦合
入选 2019 年中国科协、教育部共同组织的中学生科技创新后备人才培养计划（英才计划），被评为年度优秀学员，特发此证。
英才计划数学学科工作委员会主任
中国科学院院士
2019年12月

英才计划
YINGCAIJIHUA
优秀证书
CERTIFICATE OF EXCELLENCE
Hereby present the certificate to
孙志宇
入选 2018 年中国科协、教育部共同组织的中学生科技创新后备人才培养计划（英才计划），被评为年度优秀学员，特发此证。
for being awarded outstanding student of the year during he/she fully involved in and finished the 2018 Science Talent Program jointly organized by China Association for Science & Technology (CAST) and Ministry of Education of the People's Republic of China.
英才计划数学学科工作委员会主任
中国科学院院士
2018年12月

▲ 王涵怡、毛悦合、孙志宇分别荣获2023年、2019年、2018年“中学生英才计划”全国优秀学生证书

兴趣与实践结合，探寻物理真知

南开大学　宋峰

导师简介

宋峰 供职于南开大学物理学院，担任“中学生英才计划”物理学科的导师。研究方向为稀土光学材料的发光与激光，主持科研课题约 40 项。曾获宝钢优秀教师奖、军队科技进步奖一等奖、天津市科学技术奖（自然科学奖）二等奖、国家级教学成果二等奖、“中学生英才计划”优秀导师。兼任多个杂志副主编及编委、教育部高等学校大学物理课程教学指导委员会委员兼师范类工委会主任、中国光学学会光电专家委员会常委、中国物理学会科普工作委员会副主任。多次担任中国物理奥赛队领队、总教练，获得优异成绩。

激发“科研新生”的学习兴趣与学习自主性

自2014年加入“中学生英才计划”导师队伍以来，宋峰教授已经连续培养了10届“中学生英才计划”物理学科学生。10年来的导师经历中，宋峰教授深刻认识到培养青少年科技创新人才的重要性，这不仅是对科技创新后备人才的储备，也是通过创新拔尖人才选拔进一步推动国家核心竞争力的关键一步。那么，如何培养高中生的科技创新能力呢？

每届学生的主要活动有：每2—3周组织一次集体活动，包括讲座、实验、讨论等；每2—3人组成一个小组，利用周末和假期进入实验室，开展研究工作；选取个人有兴趣的题目，利用空闲时间开展研究；归纳汇总中学物理知识，进行讨论；参加全国和天津市的有关会议，如全国中学生物理学术竞赛（CYPT）等；要求每名“英才”学生阅读一本书，如中国经典小说、科普著作等，写出读后感，挖掘其中正能量的内容和与物理相关的知识，互相交流。

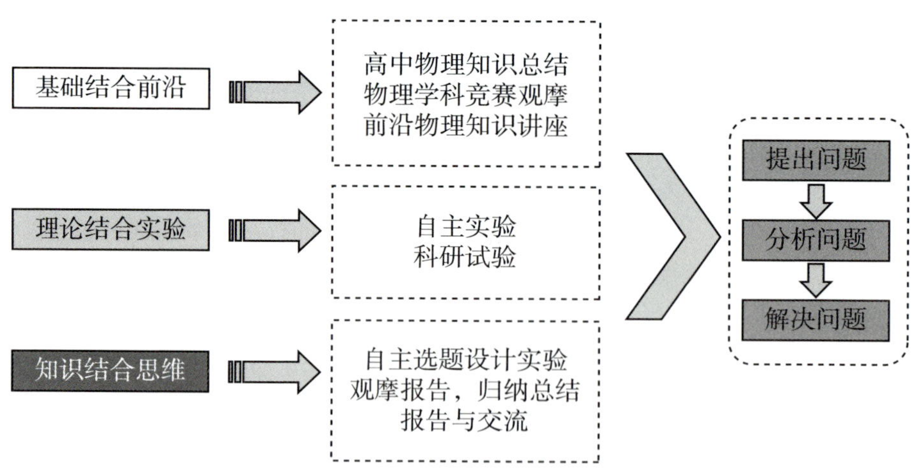

▲ 宋峰教授的“中学生英才计划”培养方案

面对稚嫩但充满科研热情的学生们，宋峰教授总结出“三位一体”的科技创新人才培养方案——基础结合前沿，理论结合实验，知识结合思维。高中物理基础知识与物理领域科学研究的衔接是学生们面对的首要问题，为了帮助学生们发掘物理知识上的联系并激发科研兴趣，宋峰教授组织学生们参与物理学科竞赛观摩和前沿知识讲座等活动，让学生们能够在不同知识领域探索个人兴趣。同时，为了提升学生们的自主学习能力，宋峰教授指导学生们开展自主选题和自主实验，希望学生们在小课题的推进过程中掌握“提出问题，分析问题，解决问题”的科研思维。另外，归纳总结所学知识也是自主学习中的关键一步，宋峰教授会督促学生们及时完成学习报告的总结，及时完成知识的消化吸收。

此外，交流与沟通同样是“中学生英才计划”培养过程中的重要环节，“科研不是闭门造车”这一观点同样适用于学生们的自主学习，导师与学生、学生与助教，以及学生们之间的一次次讨论和交流共同构成顺利完成研究课题的保障。在与学生们交流读书心得期

▲ 宋峰教授与2024年入选“中学生英才计划”学生们开展季度总结

间，宋峰教授强调，对于一些专业性较强的书籍，同学们现在虽然不一定能看懂，但多看就是多开阔眼界。多听百家之言但不盲从，多思多辨，有问题大家可以一起讨论。在此基础上，同学们如果有时间可以进入实验室，体验实验的原理和步骤，比如稀土掺杂荧光粉是如何制备的、全反射镀膜的原理、光纤光栅写入等。这为学生们进一步培养物理兴趣奠定了基础，让学生们体会到了科学研究与日常积累、勇敢探索精神密不可分，能够在心里有明确的学习目标，促使学生们成长为有用之才。

开阔视野，探索未知

组织开展科学讲座是培养过程中的重点，宋峰教授和助教们经常针对前沿报告的内容探讨交流。让学生们在高中物理知识基础上理解物理科研进展是报告顺利开展的核心宗旨，而进一步打开同学们的科研视野则是另一重要目的。基于课题组现有的科研方向，宋峰教授和助教们选择了一些近年来物理领域的热门话题及能够应用到实践领域的可实操技术。例如，在“激光原理与激光技术”“量子力学”等最新研究进展与核心知识分享的基础上，开展了“激光清洗技术”“稀土发光材料”等前沿技术进展分享。一系列前沿物理知

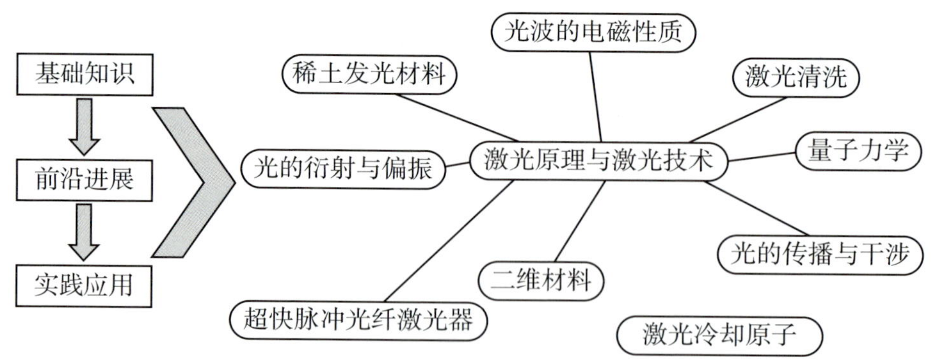

▲ 近年来开展的前沿物理知识专题报告

识报告对学生们高中所学知识进行了拔高，开拓了学生眼界，为学生们进入实验室打下基础。

实践出真知

宋峰教授对每一届“中学生英才计划”学生都曾说过“物理是一门实验科学”，仅靠理论知识的学习是不够的，理论结合实践才是学习物理知识的关键途径。因此，每一届学生都要深入高校实验室，亲身动手实践，参与到科研实验的操作中。通过这些丰富、严谨的科研活动，学生们提高了动手能力、分析能力、查阅文献的能力，培养了严谨端正的态度。例如，学生们在助教的指导下使用高温固相法制备稀土掺杂荧光粉。活动中，学生们进一步认识到了钼酸锶晶体结构中掺杂稀土离子的发光现象，同时通过掺杂不同的阳离子做电荷补偿，实现发光的调控。同时，学生们与助教一起深入学习并分析了发光及发光产生变化的原因，让学生们亲身感受到了科学实验的严谨之处，也体会到了创新的重要性，为学生们今后从事相关科学研究打下了基础。

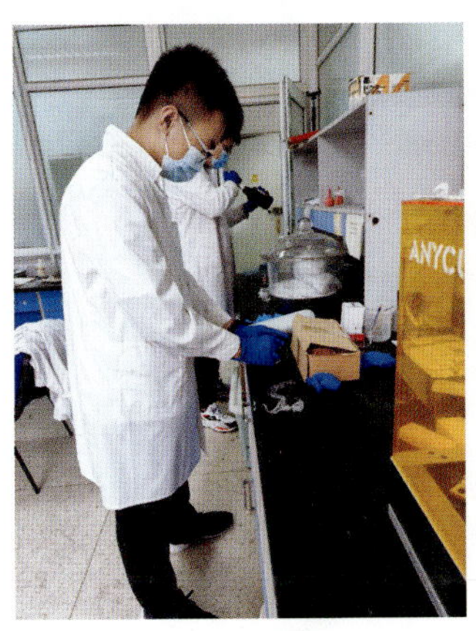

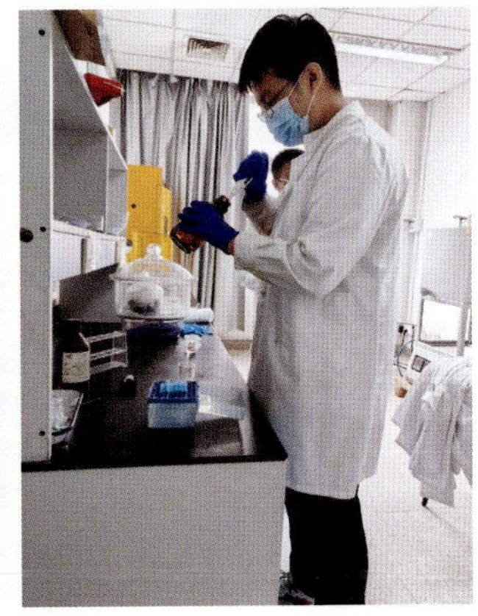

▲ 王宇辰（左），宋京泽、陈骏喆（中），郑博瀚（右）同学进入高校实验室做实验

展示个人风采

宋峰教授团队通过组织“中学知识点总结与汇报”“读书报告”“中期汇报”“自主小实验汇报”“年终汇报”等活动，提高了学生们的总结与表达演讲能力，也加强了学生们之间的沟通和交流，让学生们有机会合作解决问题。在交流中，他们注重为学生提供分析问题的不同角度，引导其创新思维的形成。

此外，宋峰教授还带领学生们参与更多展示机会中。2019 年，第三届世界智能大会在天津召开，学生们在宋峰教授的带领下进行参观并参与天津市物理学会展位的讲解。天津市物理学会展位主要涉及稀土发光材料的制备与表征和激光清洗两大方面，在之前对学

▲ 宋京泽（左上、右下）、王宇辰（右上）、陈骏喆（左下）同学分享个人学习进展

生们的培养活动中均有涉及。这次讲解是对学生们的实际练兵环节，学生们在讲解中，不仅巩固了自己的物理知识，更学到了一些人与人之间沟通的技巧与方法。除了讲解，学生们也轮流参观了其他展厅，比如全息成像展厅、无人机展厅等，真正体会到了科技的魔力，也看到了祖国的日益繁荣，明白了国家的强大需要科技人才，要为祖国的发展而努力学习。

目前，已结业的“中学生英才计划”学生高中毕业后，分布于全国各大高校，比如南开大学2020级本科生赵毅、西安交通大学2020级本科生杨朝阳、北京航空航天大学2022级本科生卢佳慧等。已结业学生反馈，为期一年的“中学生英才计划”学习经历为他们今后的学习和工作打下了坚实的基础。

“先享”大学资源，激发科研兴趣

东北师范大学　宫磊

宫磊 供职于东北师范大学生命科学学院，担任“中学生英才计划”生物学科的导师。吉林省遗传学会理事长。第十六届“中国青年科技奖”获得者，国家级青年人才称号获得者，吉林省“长白山学者”特聘教授；获得吉林省自然科学奖一等奖、吉林省教学成果三等奖。主要从事表观遗传与基因组方向的研究，从细胞核－质互作的角度系统研究了小麦、棉属等模式多倍体作物的遗传和演化机制，取得的系列创新学术成果发表在 *Nature*、*PNAS*、*Molecular Biology and Evolution* 等期刊上。主讲“进化生物学”“表观遗传学”等课程。

从“心”选择和从“新”选择

教育的核心在于激发学生的内在动力和兴趣。在“中学生英才计划”中，宫磊教授提倡从“心”选择，即让学生根据自己的兴趣和志向选择研究方向，而不是被动接受。同时，他也强调从“新”选择，鼓励学生以全新的视角和开放的心态，探索未知的科学领域。

两届“中学生英才计划”的顺利进行，让导师团队积累了指导中学生的宝贵经验。宫磊教授所带领的导师团队共有4名教师参与，保证每一名同学都能得到一位讲师及以上职称的老师的科研辅导，从而便于师生间的沟通和对学生科研进展的实时追踪。因此，在进行学生选拔的过程中，导师团队不仅听取学生的自荐汇报，每名老师还对自己的研究方向和内容进行汇报，实现老师和学生间的“双向选择”。在做到让学生选择自己“心仪”的研究方向和导师的基础上，以“全

▲ 宫磊教授团队和学生合影

▲ 宫磊教授团队师生双向选择现场

新”的面貌开始自己的大学体验之旅。

与此同时，导师团队还在面试时设置了实践考核环节，让同学们尝试运用在中学学到的生物学实验技能，并对常见作物进行辨认和识别。中学生在面试环节就能体验到植物科学研究的实际感受，做好自己的选择。“中学生英才计划”导师团队还与入选学生进行了师生见面会，并确定了导师团队和学生之间的对应指导关系。这不仅让学生们初步了解研究课题的相关内容，也为以后的工作打下了良好的基础。

科研兴趣的萌芽与厚植

1. 课题选择的自由度

学生在导师的指导下，根据自己的兴趣选择研究课题，这有助于激发学生的主动性和创造性。进入培养阶段，学生可以根据导师团队的研究方向和学生们的兴趣爱好，尝试多个研究课题，并最终聚焦到一个科学问题。导师团队的老师们为每名学生提供了与课题直接相关的 2 篇参考文献，以供学生学习参考。考虑到中学生的知识背景基础，老师们选择 1 篇中文文献用以方便学生理解基本概念和研究领域的基础知识；同时配套 1 篇英文文献，提出更高要求，为学生们提供了充足的学习资料。

2. 线上交流平台

通过微信、视频会议等线上方式进行课题进展交流，这不仅帮

助学生掌握了研究内容，还促进了学生间的交流与合作。考虑到中学生繁重的课业内容，导师团队在上课期间为中学生们设置了线上交流平台。师生通过微信、视频会议等方式进行课题进展交流，同学们就研究过程中阅读文献和研究思路设计等过程中遇到的问题进行讨论，这样的方式能够得到老师们的及时指导。这种方式不仅可以让同学们更好地掌握研究内容，更有效地发现问题，也能最大限度地利用学生们的课余时间，还可以加强同学之间的交流和合作。

3. 线下实践体验

导师团队利用假期时间，让学生进入实验室进行体验学习，亲自操作实验设备，了解科研流程，这种实践经历能极大增强学生对科研的兴趣和理解。线下学习阶段，学生们利用周末、公共长假期和暑假的休息时间进入实验室，进行"中学生英才计划"的体验学习活动，了解实验室内的实验设备和科研概况；还在指导老师和在读博士生、硕士生的带领下亲自进行了多种实验操作，更加激发了学生们对于生命科学探索的兴趣。与导师团队面对面的沟通交流，为学生提供了宝贵的指导，帮助他们解决研究过程中遇到的问题，增强了学生的科研信心。通过亲自参与实验操作，学生能够直观感受科学探索的过程和乐趣，从而激发他们对生命科学等研究领域的兴趣。

▲ 夏一恒、郭一诺和于苏琳珊同学进行聚合酶链式反应（PCR）技术学习

4. 多场景变换的科研环境

结合作物科学研究的特点，通过实验室的多场景科研环境，学

▲ 夏一恒同学在智能温室进行小麦表型观察实践

生们不仅能够接触到实验室内的仪器设备、试剂药品，更能体验到温室和田间两种科研环境。这种不同场景的知识和技术，拓宽了他们的视野，增加了科研的吸引力，更能激发同学们的探索兴趣。同时，这能够帮助学生们体会奋斗在科研一线的工作者所要面对的研究环境和挑战。

深化学习与研究能力提升

科研不仅是知识的积累，更是能力的培养。学生们在科研过程中遇到的挑战，如实验设计、数据分析等，都是他们成长的机会。通过这些挑战，学生们不仅学会了如何解决问题，更学会了如何独立思考和创新。因此，对于“中学生英才计划”的未来发展，宫磊教授提出了几点建议。首先，建议加强学生的实验体验。在未来“中学生英才计划”的实验过程中，将加强学习和指导，安排学生参与实验室内的学术研讨和更多的实验体验，提高学生们对研究课题的后续实验数据结果的处理能力，进一步提升学生们的兴趣。其次，让学生们更多地参与实验室的学术研讨。在“中学生英才计划”的各个阶段，加强导师团队的沟通交流力度，更加积极地组织疑惑解答，更加细致全面地对培养过程中各自出现的问题给予讲解和纠正。最后，强调提高学生处理实验数据结果的能力的重要性。

参加“中学生英才计划”的学生们在科学研究领域表现出了

较大的潜力，学生们的研究课题也产生了一些有趣的实验结果。与此同时，对遗传学前沿感兴趣的学生，还在线学习了线上视频课程“表观遗传学”，对生物学科的领悟逐渐加强，在所在高中的生物学测评成绩也更为领先，并能代表所在高中参加科技竞赛、科普报告等活动。

综上，“中学生英才计划”所提供的这种提前进入大学校园的体验学习活动，不仅增加了学生们对大学校园的美好向往，更坚定了他们努力学习，争取步入理想高校的信念。与此同时，“中学生英才计划”提升了学生们的科研兴趣和能力，这对他们的个人成长产生了深远的影响。学生们通过参与“中学生英才计划”，不仅在学术上取得了进步，更在个人发展上获得了宝贵的经验。导师团队通过“中学生英才计划”，为学生们打开了通往科学世界的大门，激发了他们探索未知的热情，为他们成为未来科研领域的栋梁之材打下了基础。

思维培养，求实创新

东北师范大学　王岭

王岭供职于东北师范大学，担任“中学生英才计划”生物学科的导师。享受国务院政府特殊津贴专家。现任东北师范大学植被生态科学教育部重点实验室副主任、草学学科负责人。从事草地生态学和放牧生态学研究，创新性地提出了草地多功能提升的多样化家畜放牧概念和理论。主持国家重点研发计划、国家科技支撑计划、国家自然科学基金等10余项，在*Nature Communications*、*PNAS*等国际权威期刊发表论文70余篇，获国家及省部级奖励8项。

“教育的目的应该是培养我们的思维方式，而不是填满我们的记忆库。”这是王岭教授教书育人的宗旨，也是她在“中学生英才计划”培养过程中的核心理念。在培养过程中，王岭教授鼓励学生掌握学科基础知识和科研基本技能，以训练学生的逻辑思维能力为主要目标，使学生充分了解科研的宗旨、目的和基本要求，激发对科学研究的兴趣和对自然科学的求知欲，为培养创新型人才打下良好的基础。

需求牵引，问题导向

盐碱草地的恢复与治理是我国草地生态管理面临的最艰巨的挑战之一。盐碱地恢复不仅能够显著改善盐碱地区的生态环境，丰富当地绿化景观格局，保护生物多样性，还能有效解决区域环境和经济发展中的诸多问题。恢复盐碱地可以促进社会、经济和生态的良性循环，实现可持续发展。这为区域经济发展和环境保护提供了广阔的空间和发展前景。因此，王岭教授团队的“中学生英才计划”培养主题主要围绕对盐碱化草地恢复过程的探索展开。经过王岭教授多次学术研讨和线上线下答疑，以及对学生成长日志的评估，导师团队积极安排学生参与科

▲ 王岭教授指导学生进行课题汇报

▲ 王岭教授团队与学生合影

学研究过程，学生们学到了许多关于盐碱地恢复的相关知识，深入了解了盐碱地的形成原因和分布特点，掌握了不同恢复方法如植物空间扩展、秸秆添加等对水盐运动和土壤结构的影响，体会到盐碱草地的恢复和治理对于保护我国草地生态环境、保障畜牧业发展具有重要的意义。学生们还学习了如何通过科学实验设计和数据分析评估这些方法的有效性，培养了创新思维能力，提出问题、分析问题和解决问题的能力得到提高，激发了对生命科学的热爱。

在实际操作方面，王岭教授团队还为学生提供了野外实践机会，这使他们能够将学到的理论知识应用到实际情境中，增强了他们对草地盐碱化的切身感受，体会到恢复草地的紧迫性和重要性。在草地生长季高峰期，王岭教授带领学生们前往吉林松嫩草地生态系统国家野外观测研究实验站参观学习，并参与了松嫩草地退化斑块的修复实验。在这一过程中，学生们亲眼见证了草地退化的现状，深刻感受到草地恢复的重要意义。通过这些实践活动，学生们不仅提高了自己的科研能力，还增强了环境保护意识和责任感。他们更加积极地参与到生态保护和可持续发展的行动中，理解了自己在生态环境保护中的重要角色和责任。这些经历和体验，不仅丰富了他们的知识和技能，也激发了他们对生命科学的浓厚兴趣，为未来的学习和科研打下了坚实的基础。

▲ 2024年，“中学生英才计划”学生胡育玮和孙丽惟参加野外放牧实验

成长与创新

通过和王岭教授的交流和学习，“中学生英才计划”的学生在

▲ 王岭教授团队面试选拔优秀学生

▲ 王岭教授团队与学生研讨课题

各项活动中表现非常积极，展现了极大的热情和投入。他们都认真撰写成长日志，详细记录自己的学习过程、心得体会及科研进展。这不仅帮助他们反思和总结自己的成长轨迹，还促使他们不断改进和提升自己的研究能力。在研究课题的定题和中期汇报方面，孙艺芯和张一寒同学分别选择了自己感兴趣的课题，并在王岭教授的指导下，进行了系统的研究设计和实验方案制订。他们通过查阅大量的文献资料，深入理解课题背景，明确研究目标和方法。在中期汇报时，他们展示了自己阶段性的研究成果，并对遇到的困难和挑战进行了深刻的分析，提出了下一步的研究计划和改进措施。在此过程中，两名同学的科研素质和创新思维得到了显著提升。他们不仅学会了如何剖析科学问题，还掌握了查阅和整合相关资料的方法，能够高效地获取和利用信息。同时，他们在论证科学问题方面也取得了显著进步，能够逻辑清晰地阐述自己的观点和结论。最为重要的是，学生们学会了从多种创新思考角度挖掘问题的原因及解决方法。他们善于提出新颖的问题，并能从不同的视角进行分析，找到有效的解决方案。这种创新性思维不仅体现在他们的科研工作中，也渗透到他们的日常学习和生活中，使他们在各方面都得到了全面发展。

总结经验，再创佳绩

王岭教授认为，在培养学生方面，应该注重培养他们的科研素养和创新能力。在培养过程中，她着重引导学生自主思考实验问题和阅读相关文献，让他们自主设计实验，并从实验结果中学会分析成败原因，思考如何进一步规划和完善下一步的实验。这种培养方式不仅能够激发学生的逻辑思维，提高他们解决科学问题的能力，还能够增强他们的自信心和创新能力。另外，王岭教授还十分注重团队合作能力的培养。在指导学生进行研究课题的定题和中期汇报时，王岭教授鼓励他们与团队成员进行讨论和交流，共同解决科研中遇到的困难和挑战。通过团队合作，学生不仅学会了与他人合作的技巧，还提高了解决问题的效率，增强了团队凝聚力。“中学生英才计划”不仅为学生提供了了解科学、参与科研的宝贵经历，也为导师创造了和中学生交流的机会，更好地夯实基础研究，助力我国科研事业的创新和发展。

为培养生物医药创新人才而辛勤耕耘

上海交通大学　邓子新

导师简介

邓子新 供职于上海交通大学，担任“中学生英才计划”生物学科的导师。因在 DNA 硫修饰、微生物天然产物等领域的一系列突出贡献而荣获中国科学院院士、第三世界科学院院士、美国微生物科学院院士、英国皇家化学学会会士等多项荣誉。担任中国微生物学会理事长、上海交通大学微生物代谢国家重点实验室主任、全球工业微生物学会（GIM）主席，以及 *ACS Chemical Biology*、*Cell Chemical Biology*、*Applied and Environmental Microbiology* 等国内外权威学术刊物（副）主编、编委等职务，引领了国际合成生物学等前沿领域研究的发展。

呵护好奇心，培养学生勇于质疑、敢于挑战的精神

邓子新院士通过循循善诱、循序渐进的方式，给入选“中学生英才计划”的学生讲解学科知识、科学理念与学术思想，在学生内心播下了热爱科学与追求真理的种子。他系统地向学生介绍了国内外著名科学家为了科学发展和人类进步而奋斗的具体事例，培养了学生的社会责任与国家荣誉感。

在学生的培养过程中，邓子新院士在向学生传授生物科学的前沿知识与新兴技术的同时，更关注培养学生对生命科学的兴趣与探究未知世界的好奇心。例如，在研究课题设计阶段，邓子新院士不是简单地布置课题工作，而是在了解了学生的兴趣、特长后，安排学生针对性地阅读与学习一些和意向研究课题相关的科技文献、专业书籍等资料。邓子新院士会定期与学生进行课题学习与进展的讨论，交流过程中他总是鼓励学生勇于提问，敢于质疑教科书上的权威观点。邓子新院士会耐心解答各种基础的问题，充分保护学生的探究积极性。他经常以自己通过质疑公认的 DNA 降解原因观点从而发现 DNA 硫修饰为例，帮助学生认识到提出问题是探索未知世界的第一步，许多伟大发现都是源于看似“幼稚”的问题。邓子新院士平等、友善地与学生交流和讨论问题的态度与方式，对学生产生了深刻的影响。在完成学习计划后，学生们均对探索未知、追寻真理充满了憧憬，期待通过投身科学研究创新事业来报效祖国。

注重创新能力与科学素质的培养

通过上海交通大学“中学生英才计划”的平台，学生能够亲身体验从最基础的实验室安全、试剂与培养基配制、实验记录、高精尖仪器使用、数据分析及实验设计，到实验结果的生物学意义分析

阐释、实验报告撰写与汇报、PPT 制作及演讲等科学研究的各个重要环节。学生们不仅能够深刻了解生物医药研究的基本过程与范式，更能锻炼和提升创新能力与科学素养，为今后自主学习提升打下了基础。

邓子新院士要求把学生的创新能力和科学素养培养贯穿到学生选拔、课题确定、课题执行、汇报答辩的全过程。邓子新院士为每名学生都安排了认真负责、有丰富教学经验与科研积累的教师担任执行导师，定期组织执行导师们开展学习，探讨培养过程中出现的问题与难点，并交流知识传授、实验技能培养及学生优良学术品德、高尚思想情操养成等经验，不断提升培养效果与水平。

▲ 邓子新院士与学生交流有关生命科学的未来趋势与发展前景

邓子新院士通过介绍自己的科研经历，向学生传授如何规划好自己的科研生涯，如何做出一流的研究成果等创新方法。为了帮助新学生尽快进入角色、全身心投身课题研究中，邓子新院士非常重视对新学生的培训工作。通过针对性地开展集中学

▲ 邓子新院士耐心解答学生们的问题

习，邓子新院士使学生在学习基础专业知识与实验基本技能的同时，清晰认识到“中学生英才计划”的培养方式、过程与要求等，既认识到学习机会的珍贵性，更明晰了培养计划的紧迫性。

发现问题、分析问题、解决问题及批判性思维能力对创新思维至关重要。在指导学生的过程中，邓子新院士把握各种机会，通过提示学生们关注实验中出现的有趣甚至异常的现象，引导与启发学生进行学术思考、深入查阅文献资料、分析探讨原因机制，来培养学生的科学敏感度、思考深入度与逻辑缜密性。

精心设计培养方案，显著提升培养成效

通过分析与总结多年指导“中学生英才计划”的经验和规律，邓子新院士精心设计了一套行之有效的学生培养方案。例如，针对新学生往往对课题研究工作既向往又不知所措，尤其是对时间紧迫性认识严重不足等问题，导师团队会根据每名学生的实际情况，指导学生制订最适合自己的课题工作安排计划，鼓励学生通过改进学习方式、提升学习与工作效率等方法来解决高中阶段学业负担重与“中学生英才计划”需要投入大量时间、精力之间的矛盾。通过“细化时间颗粒度”等方法，将时间紧迫感转化为动力，为科创挤出足够的时间。例如，导师团队通过鼓励学生自己努力学习实践，在“做”中学、在学中“做”，充分利用各种碎片化时间，快速提升英文专业文献

▲ 邓子新院士循循善诱，激发学生探究科学奥秘的激情

学习与研究能力，同时学习和掌握课题相关的专业知识与实验技术，明确课题的意义并确定课题研究方案，使课题工作顺利驶入快车道。

直接决定课题最终成果水平的选题，对专业知识与视野有限的学生来说最有挑战性。邓子新院士通过组织理论课学习、安排针对性专业文献资料学习及多轮讨论，逐步确定了课题的培养模式，既培养和锻炼了学生勤于思考的习惯，也使学生明白了好的科研灵感源自“大量文献阅读＋思考＋思想交流”的道理，并实现了学生的兴趣特长与指导团队的研究优势资源的有效对接，提升了科创研究效率与学生的培养效果。

在邓子新院士的精心培养与学生自身的刻苦努力下，学生们普遍感觉到自己的动手操作、观察认识、分析思考、问题解决及沟通交流等能力有了质的飞跃，对生命科学与科学研究有了更深刻的认识和热爱，人生目标也更为清晰。学生们先后取得了全国“中学生英才计划”优秀学生、上海市第35届青少年科技创新大赛一等奖、上海市青少年科技创新市长奖等一系列荣誉，为学生们今后的追梦之路打下了良好的基础。相信这些学生们必定会成长为朝气蓬勃、理想远大、积极投身祖国建设的顶尖创新人才。

集智汇能筑高台，桃李蹊下育英才

华东理工大学　朱为宏

朱为宏 供职于华东理工大学，担任“中学生英才计划”化学学科的导师。中国科学院院士，华东理工大学副校长，精细化工研究所所长。专注于光敏化学产品工程研究，其高端化应用取得国际前沿创新成果且实现全产业链应用。迄今已在 *Science*、*Nature* 等高水平期刊上发表 SCI 论文 350 余篇，被 SCI 引用近 2.5 万余次，H 指数为 84。申请中国发明专利 36 项（28 项已授权）。曾获国家自然科学奖二等奖 2 项、上海市自然科学奖一等奖 2 项、上海市科技进步奖一等奖等。目前担任多个学会委员和多项期刊编委。

高中生在科研领域的参与一直备受关注。作为导师，如何培养高中生进行科研活动，如何引导他们探索科学世界，是一项具有挑战性和意义重大的任务。在这里，朱为宏院士将深入探讨培养高中生进行科研活动的理念、具体做法、成效、体会及建议。

借科研理念，启探索新程

朱为宏院士在一次采访中分享了对科研探索的深刻见解。他提到，“Chemistry”一词可看作“Chem is try”，这意味着化学正是在持续不断的尝试中，催生出全新的想法与灵感，而驱动这一切的原动力，便是对尝试保持浓厚兴趣。基于此，朱为宏院士在教学中秉持独特理念。他格外注重激发学生对科研的热情，大力培育他们的探索精神，提升科研兴趣与能力，引领学生踏入真正的科学研究领域。朱为宏院士致力于点燃学生内心对科学的热爱之火，鼓励他们自主思考、提出问题，着重培养批判性思维与解决实际问题的能力。在指导高中生参与科研活动时，朱为宏院士让学生清晰认识到参与科研的意义，明确期望他们在这个过程中收获成长。朱为宏院士会制订长期与短期目标，为自己和学生设定清晰的指导方向，确保在整个培养进程中，能够依据目标有所侧重、精准发力。

施精准策略，扩科研眼界

朱为宏院士为了有效地培养高中生的科研能力，采取了一系列措施挖掘学生的潜力，包括与学生进行深入的交流，了解他们的兴趣、专长和性格特点，有针对性地设计科研课题；指导学生科研方法，为学生提供系统的科研方法培训，包括实验设计、数据分析等方面的基础知识；配备资源支持，为学生提供充足的实验设备和资料，鼓励他们亲自动手做实验；推动团队协作，组织学生进行小组合作，培养他们的团队协作和沟通能力；提供实践机会，鼓励学生参加科研竞赛、论文发表等活动，让他们真正体验科研的乐趣与成就感。此外，朱为宏院士制订了具体的教学方法和措施。这包括通过多种方式激发学生对科研的兴趣，利用优质资源和设备帮助学生进行实地实验，鼓励学生开展自主研究项目，并提供及时的指导和反馈。同时，朱为宏院士很注重培养学生的批判性思维、协作能力和创新意识，促使他们在科研活动中获得全面的发展。通过定期的评估和反馈机制，朱为宏院士不断总结经验，审视自己的教学方法和效果，了解学生的需求和困难，及时调整教学策略，反思教学过程并进行改进。另外，朱为宏院士以身作则，成为学生的榜样和引路人；通过展现积极的教育态度和专业精神，以影响学生的学习态度和行为习惯。同时，朱为宏院士关注学生的个体差异，尊重学生的需求和特点，制订个性化的培养计划，帮助每名学生实现自己的科研目标和梦想。最重要的是，朱为宏院士时刻牢记自己的使命和责任，积极培养对科学充满热情的高中生，推动科研活动不断向前发展，为未来科技的繁荣和进步贡献自己的力量。总之，朱为宏院士不仅关注学生的学术成绩和科研成果，更注重学生的全面发展和品格养成，培养具有社会责任感和团队合作精神的未来科研人才。

聚培育之力，绽成果之花

在朱为宏院士的科研培育体系下，一系列有效方法催生了显著成果，一批热爱科学、具备扎实基础与关键能力的高中生崭露头角。

“中学生英才计划”便是成果的展示舞台。徐圣桀同学投身于“新型自适应变色材料性能及其防伪应用研究”课题，面对重重困难，从未懈怠。他在实验室挑灯夜战，反复调试仪器。最终，他斩获丘成桐中学科学奖化学方向全球第三名铜奖，荣获“中学生英才计划”

优秀学生称号，还成功加入 ISEF 国家队，在国际舞台大放异彩。

陈寒飞同学在科研道路上奋勇前行，专注于“无定型空心碳对提升储锂 / 钠性能的研究”课题。他从海量资料中梳理线索，在失败中总结经验。凭借不懈努力，他获得第 39 届上海市青少年科技创新大赛三等奖和“中学生英才计划”优秀学生称号。

经过系统专业的科研训练，这些学生对未来科研之路充满信心。他们带着所学知识和技能，将成为国家科技发展的中坚力量，为国家创新和社会发展贡献力量，书写属于自己的辉煌篇章。

燃科研兴趣，铸育人勋章

当谈及一路走来的深刻体会时，朱为宏院士满是欣慰与感慨。在与高中生长期接触中，他发现学生对科研兴趣浓厚，在兴趣的基

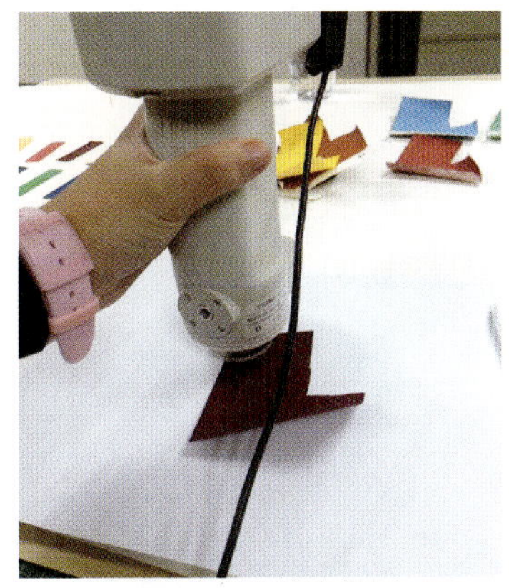

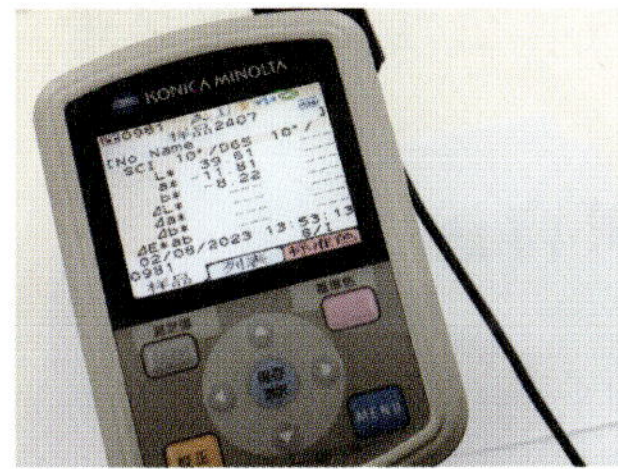

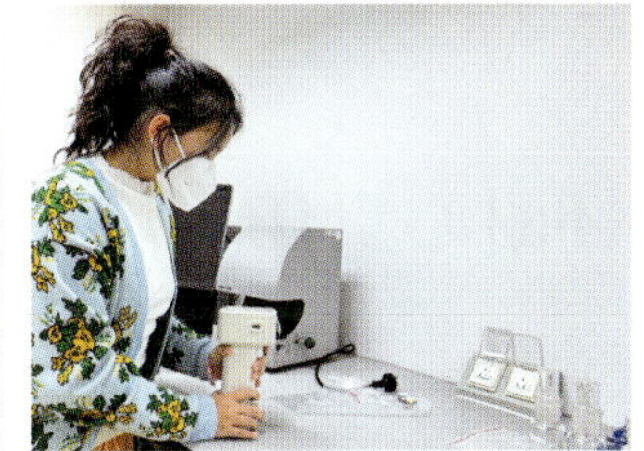

▲ 陈十同学用测色仪来测书画用樟木处理前后的色差

▲ 朱一然同学称量药品、搭反应装置

础上，只需适当引导便能绽放光芒。

每次开启新科研项目，学生眼中都有跃跃欲试的渴望。他们年纪虽小，却在团队中展现出惊人的潜力与创造力。比如做实验时，有的学生能提出独特的设计思路，打破传统框架；面对数据难题，有的学生另辟蹊径，为项目注入活力。

沉浸式参与科研对学生而言是全方位的“能力锻造之旅”。他们在查阅文献、实验、分析中，知识储备增加，学术视野拓宽，专业技能提升。而且，科研的未知与挑战让学生学会独立思考，面对突发状况和实验失败时，他们能冷静应对，解决实际问题的能力也得以培养。

朱为宏院士明白，这种育人方式不仅是知识传递，更是对学生人格与能力的雕琢。看到学生在科研后的蜕变，他心中满是成就感与自豪感，这也成为他教育生涯的突出成果。

怀耐心责任，筑科研育途

朱为宏院士针对导师工作提出了一系列重要建议。

首先，耐心与责任心是导师必备的关键品质。高中生初涉科研，面临诸多未知与挑战，常遇难题。导师面对学生反复询问基础概念，或在实验中犯低级错误，应耐心细致地讲解，不可流露不耐烦神色，凭借强烈责任心，对学生成长全程负责，助力其蜕变。

其次，构建相互尊重与信任的师生关系至关重要。导师要放下身段，倾听学生的奇思妙想，尊重其见解，让学生感受到平等。导师信任学生潜力，放手让他们尝试，学生也会因这份信任而更勇于投身科研。同时，导师要与学生保持密切联系，确保学生能随时与导师沟通，导师及时回应，解决学生问题。

再次，导师要深度挖掘学生潜力。科研是一场长跑，不能仅以成果数量评判学生价值。每名学生都有独特的成长节奏，导师要敏锐捕捉学生点滴成长，鼓励他们挑战自我。

最后，在知识快速更新的时代，导师不能故步自封，要持续学习，提升教学水平，通过引入高端实验设备、安排学生参与顶尖学术交流等方式，为学生打造优质科研环境，助力学生在科研领域取得更好发展。

在实践中培养兴趣，提高能力

南京师范大学　周长发

周长发供职于南京师范大学生命科学学院，担任“中学生英才计划”生物学科的导师。主要从事进化论和生物多样性研究，主编《基础动物学》《生态学精要》《生物进化与分类原理》等专著10余部，发表学术论文100余篇。醉心教书育人，锐意教学改革，针对大学、中学教材中有关进化论、动物学、生态学的相关概念等进行深化与辨析，发表相关教学改革论文30余篇。注重课堂教学，教学过程生动、活泼、有趣、深入浅出，特别重视培养学生的创新思维与爱国主义情操。

积极面对挑战，培养科研兴趣

“中学生英才计划”为参与的中学生与大学导师们提供了一个很好的机会，也提出了一个巨大的挑战：如何在很短的时间内、有限的接触中取得一定的收获和提高？

周长发教授团队通过不断调整心态和改进指导方法，积极遴选中学生能够完成的课题，在极为有限的时间中充分发挥学生的兴趣与能动性，提高了他们的科研能力，并取得了实质性成果。

课题以小见大，培养以点带面

1. 全面了解，找到师生的契合点

由于师生在结对以前，相互之间并不真正了解，特别是导师对“英才”学生的兴趣、爱好、要求和愿望并未真正掌握。因此，项目组在计划启动后，就千方百计、尽可能多地与学生交流，了解他们的真实想法、兴趣爱好、最想学习的科研方向及将来可能的发展方向、人生规划等，试图掌握他们对生物学的了解程度、深度和兴趣点。

▲ 周长发教授（右）利用点滴时间与许钧开同学（左）、潘佳豪同学（中）在中学门口进行交流

同时，周长发教授团队结合自己的特长，向学生推荐了多种普及性书籍、论文和自己的科研实例，让学生真正了解团队的研究方向、理论基础、创新过程与一些有趣发现，从而提

▲ 周长发教授指导丁贝恬同学采集标本

高他们的兴趣，了解科研规范及思考双方的契合点。

2. 因地制宜，遴选有特色的课题

在相互了解的基础上，结合导师的专长、科研项目及学生的兴趣，周长发教授团队与学生选定了在中学易于开展、适合中学生且有创新意义的课题，即蜉蝣的生活史过程观察与进化地位的探讨。蜉蝣分布广泛，相关研究薄弱，有许多空白点且易于采集，故中学生可充分利用周末、假期等零星时间开展实验与操作。同时，本类课题与中学生物学中的动物学、分类学、生态学、进化论内容又密切相关，可以相互促进。

对导师而言，这样可以有更多的人力参与标本采集，也可丰富收藏，提高分类的深度与准确性。

3. 指导引领，掌握最基本的方法

有了课题与标本以后，就进入了实验室内的实验操作阶段。由于中学生普遍没有生物学实验基础和技能，在此过程中，周长发教授团队充分发挥专业特长，开展认真、细致的指导与引领，带领、教导、示范与指导学生进行实验。在本课题研究中，结构解剖与图像采集技术较为核心。周长发教授团队在指导示范之外，充分发挥学生的想象力与主观能动性，试图在较为有限的时间内，掌握相关的技能，获得相应的成果。

4. 双语托举，在提高中获得成果

就某一课题而言，需要掌握历史上所有前人的研究及其水平

与深度，这就需要掌握和阅读大量中外文文献，而中学生在这方面的能力与储备明显欠缺。周长发教授团队于2023年指导的3名中学生，虽英文水平相对较高，但在专业词汇、科研论文写作的规范、图表的格式要求方面明显认识不足。对此，周长发教授团队进行了全面指导与帮助，很多时候，几乎是逐字逐句地进行指导与改进，最终完成了相关论文并进行了投稿、发表。

在此过程中，同学们充分认识到了外语的重要性，进一步增强

Zootaxa 5406 (4): 577–587
https://www.mapress.com/zt/
Copyright © 2024 Magnolia Press

Article

ISSN 1175-5326 (print edition)
ZOOTAXA
ISSN 1175-5334 (online edition)

https://doi.org/10.11646/zootaxa.5406.4.6
http://zoobank.org/urn:lsid:zoobank.org:pub:D85578F3-E7D6-4E8B-A5B1-AB1549878492

A new *Cinygmula* McDunnough, 1933 species with distinct imaginal frontal fold from eastern Chinese Himalaya (Ephemeroptera: Heptageniidae)

BEI-TIAN DING[1,2], DE-WEN GONG[1] & CHANG-FA ZHOU[1]*
[1]*College of Life Sciences, Nanjing Normal University, Nanjing 210023, China*
[2]*Nanjing Zhonghua High School, Nanjing 210019, China*
**Corresponding author:* *zhouchangfa@njnu.edu.cn;* *https://orcid.org/0000-0001-8785-5228*

Abstract

In the family Heptageniidae (Ephemeroptera), *Cinygmula hutchinsoni* (Traver, 1939) from central Asia is the only species known to possess pointed claws and a distinct frontal fold. Here, a second similar species with the same combination of characters is described. *Cinygmula longissima* **sp. nov.** is found in the eastern Himalaya of China, shows stouter imaginal penes, darker wingbases, and narrower nymphal gills than the previous one. This discovery indicates that this species of Heptageniidae are not limited to central Asia but live in high-altitude alpine habitats.

Key words: transformation, morphology, subimago, biogeography, mayfly

Introduction

▲ 周长发教授和学生通过科研产生的论文成果

了学习外语的热情与动力。

5. 以小见大，掌握科研的真内核

“中学生英才计划”的重要目标是充分激发优秀中学生的学科

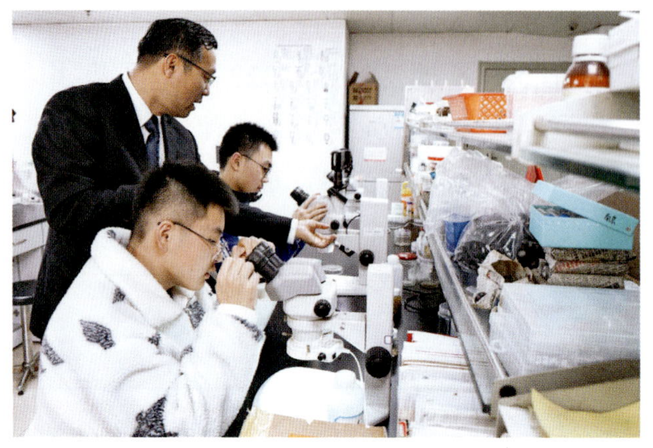

▲ 周长发教授带领学生开展科学研究

兴趣和学习动力，使他们在实践中了解科研创新的过程与方法，培养他们从事科学研究的决心与目标。由于时间短暂，投入的精力有限，一个好的、能够以小见大的科研课题显得十分重要。本课题组充分利用和发挥学术专长，通过少数昆虫物种全生活史标本的获取与观察，讨论它们在演化中的地位与进化趋势。这不仅使中学生在中学就能开展实验，更能够因地制宜、触类旁通、以点带面，让学生能够将具象的实验操作、研究对象与抽象的进化理论、生态适应、系统发育等联系起来，达到训练思维、提高技能、激发兴趣、掌握科研的目的。

不断调整改进，共创美好明天

因学生的学业任务很重，几乎没有大量的时间来大学与导师交流及开展科研训练，只能利用零星的、短期的时间。故周长发教授建议在指导过程与相关文件中，规定出必要的时间要求及保证。

中学生对知识获取的重视大于对创新的认识，对知识创新明显基础不足，故如何找到适合中学生的科研训练项目是一大难题。周长发教授认为可能的方法有：在当地中学开展研究，由中学教师带领，由大学教师指导；由学生与导师充分讨论交流，产生合适的选题；在生物学领域内，尽量选用自然观察类的课题而不是实验室研究类的课题，可能较为容易。

中学生正处于迅速成长的阶段，又有升学压力，如何保持他们对学科的兴趣也是一大难题。这需要家庭、中学与导师团队的合作，可能的方法有：在选拔时，尽量考虑准备参加中学各学科竞赛的同学，在目标比较专一、明确的情况下，在提高成绩的同时，培养兴趣，提高能力；尽量考虑高年级的同学，特别是在生物学竞赛中取得好成绩的同学，进行专向性培养；尽量选拔在某一方面确实具有特别强烈兴趣的同学，如昆虫、鸟类爱好者等入选“中学生英才计划”。在有一定知识的基础上，再由大学相关老师进行指导，学生可能会取得更多、更大的成果，进步可能也会更明显。

运用KAPIV育人理论体系 培养“四新”英才

山东大学　邢建平

邢建平 供职于山东大学，担任“中学生英才计划”物理学科的导师。长期从事我国自主北斗新时空物联技术研发，成果达到国际先进、国内领先水平，主持国家重点研发计划、国家发展和改革委员会重大专项、国家级双创基地、国家新工科教改、国家级双创学院、国家一流专业等。SCI、EI 论文收录 100 余篇，授权发明专利 56 项，出版专著、教材 8 部，获国家教学成果二等奖 2 项。担任教育部创新方法教育指导分委员会委员、iCAN 创新创业大赛全国执行主任。

知识学习、能力培养与素质提升

基于实践与双创助力的 KAVPIM（简称 KAPIV）育人理论体系，分析当前“四新”人才培养存在的矛盾与问题，研究矛盾与问题的破解办法。在充分发挥实践与双创功能基础上，构建了基于实践与双创助力的 KAPIV 育人理论体系，并结合研究性、创新性 KAPIV 项目进行了富有成效的实践。

如果说知识、能力、品行是立德树人的内在基本组成要素，那么实践、创新、方法就是立德树人的赋能要素。立德树人要素虽然多元、性质不同，但其育人使命是一致的，就是“树人”。“树人”需要强有力的支撑，这就需要为大学生的快速发展构筑立德树人“助力框架”。当然，只简单地实现“树人”还不够，还需借助实践、创新、方法等赋能要素使“助力框架”真正发挥能动作用，才能达到

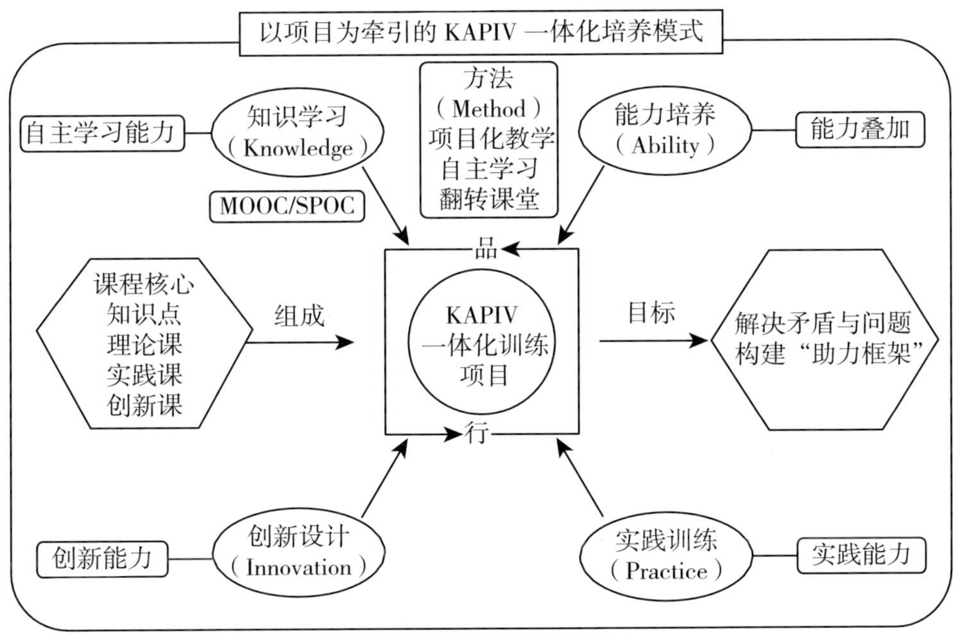

▲ KAPIV 一体化培养模式

长期的、可持续的成人成才的育人目的。所以，要想更好地完成知识学习、能力培养、品行磨炼，就需要充分发挥实践、创新和方法的赋能作用，发挥实践与双创育人的核心作用。

基本能力主要包括：自主学习的能力、实践的能力、创新的能力、解决复杂工程问题的能力等；基本素质主要包括：正确的价值观、人生观、世界观，坚韧不拔的意志品质、团结合作的精神、积极应对变化的素质等；需要知识（K）、能力（A）、品行（V）、实践（P）、创新（I）和方法（M）互相助力才能实现。

创新培养，方法先行

1. 主要方法

邢建平教授以构建知识、能力、实践、创新、品行一体化培养育人理论体系为目标导向，致力于系统解决传统课程功能、形态单一，不利于多育并举的问题，以及传统育人模式极易造成的重知识、轻能力，自主学习能力差，知识向能力转化效率低，学习目的性不强，实践动手能力差，创新教育易受冲击，缺少解决复杂工程问题能力训练，缺少劳动锻炼，缺乏坚韧不拔的意志品质等问题。

其中，新的育人理念是为学生搭建能帮助其快速发展、健康成长的立德树人“助力框架”。“助力框架”由知识、能力、品行三者构成。因为当一名学生具有了优良的品行，再加上丰富的知识与强大的能力，一个大写的人就立起来了。

新的育人模式是将原“知识、能力、实践、创新一体化培养（KAPI）”推进到“知识、能力、实践、创新、品行（KAPIV）”一体化培养，以便有效解决传统育人模式导致的重知识、轻能力和缺乏坚韧不拔的意志品质等问题。

项目构建了新的育人经历（创新性项目全程牵引的、自主的、合作非竞争的学习经历）。该经历与 KAPIV 育人模式深度融合，有效化解了以学生为中心还是以教师为中心的矛盾、新知识快速增加和课程学时严重不足的矛盾，以及如何构建批判性思维靶源等一系列问题。

项目还构建了新的育人载体。新载体是理论与教学实践相结合的媒介，以新形态课程呈现。新形态课程是多功能的。多功能由理论、实践、创新等多门课组合成微课程群实现，课程群最终由 KAPIV 教学项目串接微课程群核心知识点形成一个整体。新载体解决了传统课程功能不足、不利于多育并举的问题。

2. 实践与双创助力的 KAPIV 育人理论体系——iPBL 项目式的实践

邢建平教授以“北斗 +”为基础进行项目选题，涵盖教育、交通、医疗、金融、救灾等，结合学生所学习的知识及生活中的实际情况，进行整个 iPBL 项目式的实践。

第一步：组成项目式小组

项目式小组可以由学生自由组成，项目式小组的成员一定是互补式的，由擅长不同领域的同学进行组建。

第二步：发现问题，小组进行头脑风暴

项目式 iPBL 模式的第二步是确定一个问题或挑战，这个问题

▲ 邢建平教授（左2）与杨宇衡同学（左1）、秦浩然同学（右2）、高宇翔同学（右1）的合影

▲ 邢建平教授指导学生进行北斗高精度无人驾驶小车项目实践

▲ 邢建平教授与学生交流无人机数字孪生精准算法

应该是真实的且与学生的生活或兴趣相关，以鼓励学生参与到解决问题的过程中。问题的确定需要考虑学生的年龄、能力和学科知识等方面。

学生根据老师发布的基础项目进行各自项目的头脑风暴，完成各个小组的项目选题，小组成员间需要探讨项目的可行性、必要性等项目实施的前期准备工作，并确定项目方向。

第三步：研究问题并进行小组分工

在确定问题后，学生需要进行研究和调查，以了解问题的背景和相关知识。研究可以包括文献查阅、实地考察、采访专家等方式，学生需要收集并整理相关资料。

确定项目之后，小组成员之间按照各自擅长的不同领域进行分工，比如硬件选品搭建、程序编写及调试、路演课件的制作、作品小论文的编写等。

第四步：制订解决方案

学生在研究问题的基础上，需要制订解决方案并进行讨论。这个过程中，学生可以分成小组进行，每个小组需要就问题进行深入探究并提出解决方案。学生需要考虑方案的可行性、成本效益等因素并进行评估。

▲ 发现问题，头脑风暴，确定解决方案

第五步：实施解决方案

学生在制订解决方案后，需

▲ “中学生英才计划”学生展示成果，进行项目路演

要实施并测试方案。这个过程中，学生需要收集数据并进行分析，以评估解决方案的效果。学生需要在实施过程中不断反思和调整方案，以逐步完善解决方案，并制作出作品。

▲ 邢建平教授进行总结评价

第六步：展示成果，进行路演

学生在实施解决方案后，需要进行成果展示。展示方式可以包括展演PPT、海报展示、视频制作、项目式小论文等多种方式。通过展示成果，学生可以分享他们的经验和成果，并获得其他人的反馈和建议。

第七步：评价过程

在项目式iPBL模式中，评价不仅是对学生成果的评价，还包括对学生整个成长过程的评价。评价可以分为自我评价和他人评价两个方面，学生需要学会评价自己的工作，并接受他人的评价和反馈。

项目式iPBL教学模式是一种以问题为导向的学习方式，通过学生自主学习和解决实际问题来提高学习效果和实践能力。在实施iPBL教学模式时，需要遵循以上流程，并注重学生的参与和反思。

优秀“英才”案例

第五届世界顶尖科学家论坛在上海举办，济南的高二女生姜馨雅应邀参加首场活动“科学T大会”，作为山东省唯一的物理学科代表，和全国30名热爱科学的高中生一起，与诺贝尔奖获得者、两院院士及青年科学家进行交流。

王相涵，济南振声学校2021级物理学科优秀学生，在2023年高考中取得优异成绩，入选中国科学技术大学2023年“少年班及创新试点班”资格生。

汇聚力量，培育英才

武汉大学　宋恒

宋恒供职于武汉大学化学与分子科学学院，担任“中学生英才计划”化学学科的导师。主要从事关键酶分子的催化机理阐释、定向改造及其在天然产物药物微生物绿色生物制造方面的研究，在天然产物药物生物合成通路设计和其生产转化等方面取得一系列创新研究成果。课题组已在国际 SCI 期刊 *Nature Chemistry*、*Nucleic Acids Research*、*Advanced Science*、*Science China Chemistry* 等发表论文 30 余篇，授权中国专利 2 项，授权 PCT 专利 1 项，同时实现了多项高附加值化合物的低成本绿色制造的成果应用转化。

作为“中学生英才计划”的导师，宋恒教授始终秉持“激发潜能，引导探索，注重实践，培养创新”的教育理念，致力于为学生提供一个开放、包容的学习环境，鼓励他们勇于提出问题，敢于挑战权威，不断探索未知领域。同时，宋恒教授注重实践教学，通过组织实验操作、社会调研等活动，让学生在实践中学习，在探索中进步，成长为具有创新精神、实践能力和社会责任感的高素质人才，为国家的科技进步和社会发展贡献力量。

结合团队优势，拓宽学习视野

宋恒教授通过与“中学生英才计划”学生进行一对一的面对面讨论，了解和掌握学生的相关知识储备和对项目的诉求，与学生讨论协商，确定了适合他们的课题。“中学生英才计划”的学生都表达了在化学学科方向进一步拓展知识和实验技能的强烈意愿。宋恒教授采用的是“一教、二带、三汇报”的培养模式。“一教”指的是由导师针对学生的知识背景和课题所涉及的知识进行前期的教学，采用小班一对二授课模式，在实验室进行项目所需知识的储备和拓展，并由导师亲自进行实验室安全管理规范的培训和指导。同时，为了不打扰学生紧张的高中学习生活，宋恒教授对学生进行在线教学，指导学生阅读英文顶级期刊的前沿科研文章，给学生进行文章讲解和答疑。学生在吸收消化英文前沿文献的内容

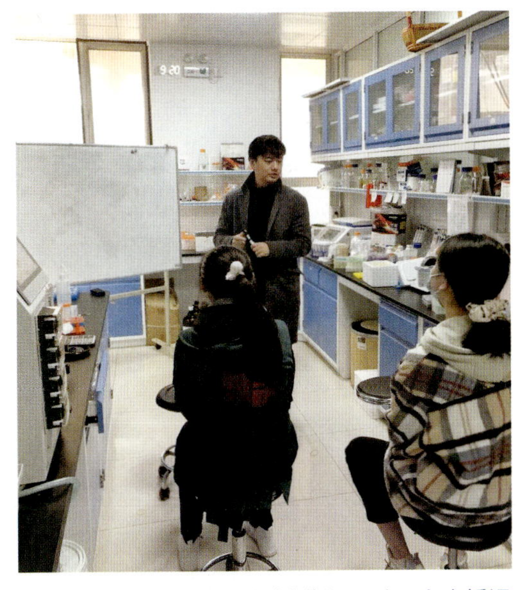

▲ 宋恒教授进行一对二小班授课

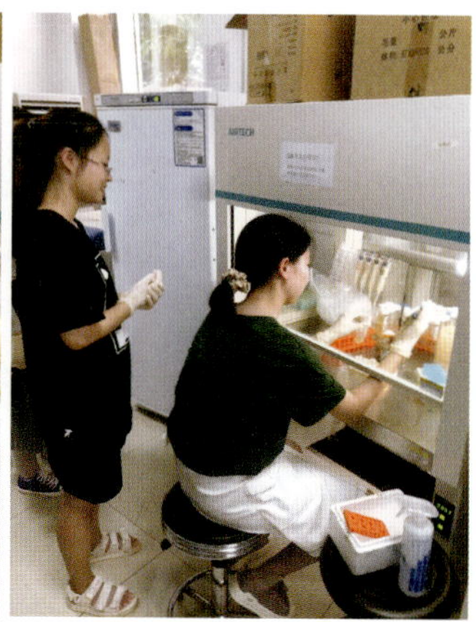

▲ 邹铭源、陈宝新同学在示范指导下进行微生物转化实验操作

后，向导师提交他们的学习笔记和思维导图，使导师可以掌握学生的学习反馈，调整接下来的计划。“二带”指的是在较长周期的项目探究和实验中，宋恒教授和助教共同指导和带领学生进行具体实验的操作及实验结果的分析和探究，并针对学生课余时间，制订好项目时间安排，以保证学生在不影响正常学业的情况下，全身心投入“中学生英才计划”的学习和实验中。“三汇报”指的是通过学生的工作汇报，考察其对项目的理解和实验探究方法的掌握，并根据他们的汇报情况进行及时的调整，以保障学生能正确地掌握课题方向。这种汇报反馈的形式有效地帮助宋恒教授团队在有限的项目时间里修正项目实施进程安排，确保学生按时完成项目进展。

注重项目汇报，及时考察成果

针对“中学生英才计划”学生参与科研项目的情况，宋恒教授团队会细致考察学生的项目实施成效。他们采取了大学本科教育中比较普遍的工作汇报答辩评审会的形式。学生们通过自身的不懈努力，都按时按量地完成了项目所计划的大部分实验内容。作为高中

生，学生们均表示这是他们人生中第一次参加汇报答辩会，对此既兴奋又紧张。答辩内容包括项目背景介绍、项目实施计划、项目实验内容、项目实验结果和分析及项目展望。在学生汇报结束后，导师和助教对学生进行知识和技能的抽查提问，并由学生进行即兴回答。令人欣喜的是，学生们虽然还在读高一，但对项目的整体把握和对结果展示的表述准确到位，接近本科生业余科研汇报水平。宋恒教授团队也针对项目所涉及实验细节进行提问，学生也较为准确地进行了解答，这与他们在“中学生英才计划”实施过程中的努力是分不开的。最后，学生们都顺利通过了科研汇报评估。

▲ 张婧嫣同学进行“中学生英才计划”中期答辩评估考核

感悟和建议

宋恒教授意识到，作为导师，不仅要传授知识，更要激发学生们的内在动力，引导他们学会独立思考和解决问题。

为了进一步提升培养效果，宋恒教授建议“中学生英才计划”应更加注重个性化培养，针对每名学生的兴趣和特长，量身定制科研方向和学习路径。同时，加强与企业、科研院所的合作，为学生提供更多实践机会和资源支持，让他们的科研成果能够更好地转化为实际应用。此外，还应注重培养学生的团队协作能力和跨学科思维，鼓励他们跨学科交流，以拓宽视野，增强创新能力。

以任务驱动为导向的计算机实践教育

华中科技大学　余辰

余辰供职于华中科技大学，担任“中学生英才计划”计算机学科的导师。主要专业领域及研究方向包括计算机系统结构、普适计算、边缘智能、工业互联网、大数据分析及其可视化。中国计算机学会杰出会员，中国计算机学会普适计算专业委员会委员，中国计算机学会网络与数据通信专业委员会委员，教育部教指委互联网体系结构专家委员会委员，ACM 武汉理事，IEEE 会员。

工科引领的教学设计

相较于数学、物理、化学等传统理科，计算机作为一门工科，其教学具有属于自己的特点。数学、物理等学科具有较大的理论成分，注重基础理论知识的学习。而计算机作为工科，更偏向于工程实践能力的学习。首先，计算机的基础理论逻辑蕴含于实际的应用中，比如计算机的组成原理提到的 cache 块等知识和实际的计算机制造有着紧密的联系；计算机网络中提到的 HTTP 报文，是实际用在日常生活中的。其次，在教学的实践中，学生学习计算机的基础理论知识，会配套许多验证、实现基础理论的实验。比如麻省理工学院开设的 6.S081 操作系统课程，配套了一个 xv6 教学操作系统来让学生了解实际操作系统的设计、相关理论和算法的实现；斯坦福大学开设的 CS144 计算机网络课程，就配套了一个叫 Sponge 的工程，学生们利用这个工程来自己实现 TCP 协议。

由此可见，计算机学科相较于数学、物理等传统理科，更加注重实践能力的培养。

那么实践能力是如何进行培养的？在大部分大学的工科培养规划下，都会有一个叫作“生产实习”的环节。在大部分大学的解释中，生产实习是学生进行生产生活实践的环节，在进行实际生产实践中获取专业知识和专业素养的环节。在大部分大学的工科培养规划下，也会有许多课程设计的环节，这些课程设计也是基于大学生在课堂中所学到的知识，进行综合应用，最后完成一个课题。这个课题可以是调研报告，也可以是一个工程成品。这两部分培养环节的核心是课题，也就是任务，学生基于这些任务进行调研和实践。

任务驱动的实践教育

在“中学生英才计划”的教育中，余辰教授运用了任务驱动型教育的理念，先给学生设置一个大任务。当然，直接抛出一个大任务让学生去做是非常困难的，如同让人直接从武昌游到汉口。这时候就需要“搭桥”，让学生一步步地走到河对岸。学生走的每一步都需要一定的努力，都会有一定的收获。这就是要把大任务拆分、细化成若干个小任务，然后把完成每个小任务所需要的背景知识进行讲解。

这样做有几个好处。首先，学生可以在一步一步地实践过程中完成一个看似不可能完成的大任务，培养了学生对计算机学科的热情和信心，让学生有一种“我其实可以学好计算机学科”的信念。其次，培养了学生的实践能力。学生们了解了若干软件的操作，比如大疆教育平台、Python 语言等，也掌握了发现问题、解决问题的能力，比如可以找到报错信息，合理使用搜索引擎等。另外，学生们能够有一定的工程思维，增强模块化处理问题、流程化处理问题的能力。最后，学生们能够在实践活动中掌握计算机的基本原理，比如能够在 yolo 神经网络的实践中，了解计算机视觉的基本工作原理，了解神经网络的前向传播和反向传播的原理等。

▲ 郜文犀同学在尝试训练yolo神经网络

小任务的细化是困难的，如果细化得不充分，学生们在完成小任务的时候还是会感受到巨大的困难，就如同从武昌游到汉口，只是在长江中间放了个木墩子一样，对于学生来说，游到对岸还是非常困难。如果小任务细分得过于详细，学生们感受不到挑战，自然也就感受不到学习的乐趣。任务驱动的导向绝非布置一个任务让学生去做那么简单，配套的细化任务、详细的任务指引和理论知识讲解都需要完善。

在完成任务中得到锻炼

▲ 助教在介绍课程的总体安排

▲ 余辰教授在讲课

本次“中学生英才计划”中，余辰教授团队基于华中科技大学南一楼 807 教室的场地和设备，进行了详细的考量，确定了给学生的大任务是“自主对战平台系统的实现”，然后将这个大任务分成了 10 个小任务和配套的 60 节课程。

学生们先要知道机器人是怎么动起来的，机器人是怎样攻击并改变自己的发光的。这就是第一个任务。实现这个任务需要学生们了解机器人是如何开关机的，以及如何使用手机或电

▲ 学生在尝试驱动小车

脑进行遥控。这也是一个小任务。然后需要站在学生的立场上，思考一下，学生们要完成这个小任务，需要什么理论上和实践上的指引。对于理论上的指引，需要安排课堂进行教学；对于实践上的指引，可以附在任务书上面，或者在课堂上进行示范。这个过程是非常麻烦的，因为存在常识不对等的问题。这时交流中很容易出现一个错误的思想，就是“我觉得对方知道”。所以，设计课程的时候要充分考虑这个问题。同时，在

▲ 学生在学习Python编程

进行教学的时候，要把握好教学的程度，要让学生能够完成任务，但是不能包办学生的任务，要让学生在轻松和挑战之间把握平衡。

高中的学生对于个人计算机的使用是非常欠缺的，所以在进行教学的时候，要教学生如何进行软件的下载等烦琐的小问题。但是对于这个小问题，又不能事无巨细地介绍，所以可以在课程中提一下，或者在任务书中稍微介绍一下。

后面的任务设计也是遵照这样的逻辑，学生在实现了机器人的手动控制之后，就要学习机器人的自动控制，也就是图形化编程。在学会了自动化控制之后就要学习如何使用人工智能模块，接着学习怎么瞄准、怎么进行测距、怎么进行自动避障，最后完成一个自主对战平台。

星星之火，点燃学生创新激情

湖南大学　尹双凤

导师简介

尹双凤　供职于湖南大学化学化工学院，担任“中学生英才计划”化学学科的导师。全国人大代表，中国农工民主党湖南省委员会副主委。主持国家高层次人才项目、国家重点研发计划、国家自然科学基金重点项目等40余项，在光电催化、微流控技术、生物质转化等领域取得了重要研究成果，在*Nature Communications*等国际期刊发表论文300余篇，入选爱思唯尔“中国高被引学者”，授权专利190余件，部分已许可转让。兼任中国能源学会能源与环境专业委员会副主任、中国化学会催化委员会委员、湖南省催化与绿色化学专业委员会主任等。

在众多高校中，有这样一群导师，他们以自身不断探索求知和开拓创新的精神激发学生的创新意识，点燃他们的科学激情。尹双凤教授，一位在化学化工领域有着深厚学术造诣的学者，正是这群“中学生英才计划”导师中的典型代表。他以博学多能的学识素养和富有魅力的教学风格，培养中学生独立思考的能力，引领他们走进科研创新之门。

点燃激情，化育天下

尹双凤教授以“创新育英才”为指导理念，勉励青年学生们在学习和科研中，时刻保持思考力和对知识的好奇心。他相信每名学生内心都有一颗创新的种子，这正是他们成长的起点。他鼓励学生发掘自己的兴趣，并将其与科研相结合，坚信热爱可赴万重山。同时，他也注重培养学生的团队合作精神，让他们学会合作、交流和分享。他指导高中生参与或主持科研项目，鼓励他们提出自己的创新想法，并从选题、实验设计到结果分析进行全过程指导。他还定期组织学术讨论，鼓励学生们大胆发表自己的见解，培养他们的批判性思维和独立思考能力。在尹双凤教授的指导下，许多中学生发掘了自己浓厚的科学兴趣，坚定地踏上了科研征程，并取得了显著的科研成果。

读万卷书不如行万里路

真正的理解来自主动思考和实践。尹双凤教授不仅注重理论知识的传授，更强调实践经验的积累。他坚信，读万卷书不如行万里路，相比于纯粹的理论学习，实践应用更为重要。因此，尹双凤教授以实践为导向，鼓励学生们走进实验室，将所学理论知识运用到实践中。这种教学模式不仅让学生们对化学知识有了更深刻的认识，也让他们学会解决实际操作中遇到的问题。此外，尹双凤教授手把手地指导学生进行实验操作，耐心解释实验过程中的每一个实验现象，启发他们在实践中学习和成长。

亦师亦友的深厚情谊

教育不仅在于知识的传授，更在于心灵的沟通和情感的交流。在学生眼里，尹双凤教授既是一名勤勉严谨的导师，又是一位和蔼可亲的朋友。尹双凤教授相信实践能加深对理论的理解，而与人交往中获得的生活智慧和洞察力同样不可或缺。对于中学生来说，这些经验是理解他人、应对复杂世界的重要钥匙。通过与他人的交流和互动，了解不同的观点、价值观和文化背景，可以开阔视野并提高认知。这有助于他们适应多变的社会环境，培养他们的合作精神和社交能力。正因如此，尹双凤教授不仅关心学生的科研进展，也关心他们的生活、思想及心理状况。学生们经常说："尹教授就像朋友，他会倾听我们的困惑，并且给我们提供宝贵的建议。"这种亦师亦友的关系，让学生们感到温暖和安心，也激发了他们在学术探索上的自信和生活中积极向上的态度。

▲ 尹双凤教授与学生讨论课题方向

▲ 尹双凤教授（左2）与胡宸睿同学（左1）、罗静远同学（右2）、张天奕同学（右1）的师生见面会

职业规划的引路人

▲ 尹双凤教授团队与彭程同学（左1）讨论课题研究进展

作为“中学生英才计划”的导师，尹双凤教授不仅是学术上的指导者，更是学生们职业规划的引路人。他关注中学生的职业规划和发展，为他们提供个性化的指导和建议。尹双凤教授鼓励学生们勇敢地走出象牙塔，积极接触社会，了解各行业的发展趋势和需求。他认为，只有深入了解社会，才能更好地定位自己的职业兴趣和目标。尹双凤教授长期与企业界保持紧密联系，为学生们提供了许多学习实践的机会。培养良好的科研习惯对于学生来说至关重要，它的意义一定程度上超越了科研本身。尹双凤教授认为，中学阶段是塑造个人价值观、世界观、人生观，养成各种良好习惯的关键时期，应当以更高的标准来要求这些优秀学生。正如古语所说：“一屋不扫，何以扫天下。”尹双凤教授鼓励学生应该从小处着手，从小事做起，培养学生养成良好的习惯，为学生未来成为杰出的科技人才打下坚实的基础。在尹双凤教授的指导下，许多学生都成功地找到了自己人生的方向。有的已经深耕化学化工领域多年，有的刚刚步入大学，开启自己的科研之路。

关注学生的成长过程

尹双凤教授的指导理念和教学方法在化学化工领域产生了深远影响。他的经验告诉我们，作为导师，不仅要关注学生的学术成就，更要关注他们的成长过程。他通过激发学生的兴趣和热情，培养他们的独立思考能力和实践能力，引导他们走向成才的道路。因为他深知学术的传承和教育的本质不仅在于课堂上的知识传递，更重要的是对下一代的引导和启发。这种指导理念不仅影响着学生，也让刚刚踏上岗位的年轻老师深思。尹双凤教授愿意倾听年轻教师的想法和创意。在交流中，尹双凤教授耐心指点，引导他们在不断的实践和反思中找到适合自己的道路。在这个充满挑战和机遇的时代，我们需要更多像尹双凤教授这样的导师来引领学生前行。他们以无私的奉献精神和深厚的学识为学生们铺就了通向成功的道路，成为推动科学进步的中坚力量。

传承与发扬

一个个春夏秋冬，尹双凤教授用自己的科研激情点燃了众多青年学子内心深处的创新之火，激发他们去探索、实践、创造、收获、奉献。星星之火，可以燎原，相信那些曾被点燃的火苗已照亮了他们各自的前行道路。我们期待，越来越多的导师能够弘扬尹双凤教授的教学理念和精神，为更多拔尖创新人才破土而出打下基础；也期待更多青年学生在尹双凤教授等“中学生英才计划”导师的默默耕耘、精心培养下，逐渐生根发芽，成长为参天大树。

在实践中成就未来英才

湖南大学　谢鲲

导师简介

谢鲲 供职于湖南大学信息科学与工程学院，担任“中学生英才计划”计算机学科的导师。国家高层次人才获得者，中国青年女科学家奖获得者，长沙市“巾帼建功”标兵，湖南大学超算与人工智能融合计算教育部重点实验室主任。长期从事网络安全和人工智能研究工作，主持多个国家级和省部级科研项目及华为技术开发项目等。研究成果获湖南省技术发明奖一等奖、湖南省科学技术进步奖二等奖、吴文俊人工智能科技进步奖一等奖、华为火花奖、算力网络产业十大创新成果等。

经世致用立根基，创新实践促发展

在计算机学科领域，谢鲲教授团队的研究重点聚焦于网络系统智能化运维与安全、人工智能等前沿技术，强调理论研究与实践应用的深度融合，注重学以致用。基于这一原则，谢鲲教授团队在“中学生英才计划”中不仅关注学生的专业知识积累，更重视培养他们的科研兴趣和独立探索能力。团队鼓励学生将理论知识应用于实际问题，通过科研实践锻炼解决问题的能力。通过项目驱动的学习模式和实验操作，学生能够在具体任务中深刻体验计算机科学的应用价值，激发创新意识与探索精神。

集智育人筑高地，潇湘湖畔启未来

谢鲲教授团队充分借助湖南大学超算与人工智能融合计算教育

▲ 谢鲲教授团队和刘昱江同学（左1）、肖鑫洋同学（右2）的合影

▲ 国家超级计算长沙中心

部重点实验室的丰富资源，组织学生开展实地参观、系统课程学习、参与学术报告和项目研讨等多样化活动，使学生深入了解网络安全和人工智能等前沿领域的最新技术动态。这样的体验不仅拓宽了学生的知识视野，还激发了他们的学习兴趣。

导师引领育人才，因材施教激潜能

在“中学生英才计划”中，导师团队秉持因材施教原则，根据学生的个体差异实施个性化培养。通过初期评估，团队了解学生的背景和需求，为每名学生定制学习路径。例如，刘昱江为竞赛班学生，面临较大课程压力；肖鑫洋为国际班学生，目标是申请国外大学。导师团队为他们提供了针对性的发展计划。

在了解学生情况后，导师团队提供了4个研究课题：基于神经网络的手写字体识别、基于决策树的DDoS攻击检测、基于机器学习的网络应用识别技术和语义通信压缩技术。两名学生都选择了基于决策树的DDoS攻击检测这一课题。尽管课题相同，但导师针对每名学生的背景制订了差异化的培养计划。

对于竞赛班的刘昱江，考虑到其编程算法基础较好，但学习时间紧张，导师设置了灵活的学习安排，要求他深入理解算法原理，掌握技术的实际应用，并按时完成基础任务和阶段性汇报。而针对国际班的肖鑫洋，导师则提出了更高的要求，鼓励他深入探究课题原理，综合运用关键技术，力争在研究中实现创新突破，要求他加快

▲ “中学生英才计划”学生参观超算与人工智能融合计算教育部重点实验室

学习进度并定期讨论研究中的问题，为留学申请积累更多科研成果。

通过导师团队的定期反馈与个性化指导，学生得以及时调整学习计划，克服过程中遇到的难题。团队还设定了具有挑战性的目标，以激发学生的潜能，帮助他们成长为未来的学术或行业领军人才。个性化培养模式不仅帮助学生在科研中找到自我价值，建立自信，更为他们未来的职业发展奠定了坚实的基础。

岳麓山下启实践，科研管理助成长

为了确保培训的高效性与规范性，导师团队建立了严格的科研管理机制，以确保学生的学习有序推进。团队为每名学生制订了详细的研究计划，明确研究目标、任务分配和时间节点。定期的项目进度审核与成果评估机制，帮助学生更有效地管理学习进度，并及时获得导师反馈。

导师团队每月设定阶段性学习目标，并组织汇报与评估会议，考察学生的研究成果。根据汇报情况，动态调整后续学习计划，确保研究方向与任务匹配实际进展。此外，团队每周会举办研讨学习，面对面交流，解答疑难，并鼓励学生互相交流经验，增强团队合作和解决问题的能力。对于无法参加线下会议的学生，团队提供线上

▲ 刘昱江同学（左）和肖鑫洋同学（右）研讨实践机器学习算法代码

▲ 谢鲲教授在服务器机房进行实践教学

答疑，确保学习不受限制。

此外，谢鲲教授还带领学生参观学校计算机设备房，进行实践教学，让学生通过模拟实验深入理解计算机网络技术。导师展示了人工智能最新成果，鼓励学生动手操作，培养创新能力。

团队重视“项目驱动”的教学模式，确保学生不仅停留在理论层面，更能够在实际项目中获得宝贵的实践经验。通过参与项目实验、实地操作及模拟现实应用场景，学生得以将理论知识与实际应用紧密结合，切实体会到科技创新在现实世界中的价值与挑战。这种教学方式不仅增强了学生的实践能力，还激发了他们在科研中的探索精神，为他们未来的职业生涯打下了坚实基础。

网络发展重安全，责任担当铸理念

在培养学生的过程中，思政教育被视为核心内容，贯穿于专业学习与实践活动的各个环节。谢鲲教授以“上天入地的计算机网络”为题，生动讲解了网络在医疗、探矿、电商等领域的广泛应用，阐述了计算机网络在当今社会的关键地位。她还深入分析了以网络为基础的交叉学科及其带来的机遇与挑战，着重强调了网络安全对国家发展的重要性，培养了学生对科技安全与社会责任的深刻认识。

▲ 谢鲲教授进行思政课程讲解

为全面提升学生的综合素质，导师团队开展了专门的思政教育课，帮助学生树立正确的价值观、人生观和世界观。通过这些教育课程，学生不仅学到了专业知识，更理解了科技与社会的紧密关系。他们被引导去思考如何利用科技创新服务社会，解决现实问题，从而培养出具备强烈责任感和使命感的创新人才。这种教育理念不仅提升了学生的综合素质，也培养出了一批兼具家国情怀与创新能力的高素质人才。

实践驱动结硕果，千年学府造英才

在“中学生英才计划”的学生培养中，导师团队通过科研思维的塑造、实践能力的提升、个性化培养、严密的科研管理和思政教育的深入融合，取得了显著成效。学生不仅在专业知识和科研能力上进步明显，同时在创新能力、社会责任感和综合素质方面也有卓越表现。

“项目驱动”的教学模式帮助学生在研究课题中深入学习理论知识并积累实践经验。例如，在基于决策树的 DDoS 攻击检测研究中，学生不仅掌握了网络安全的核心技术，还提升了解决复杂问题的能力。导师团队根据学生的差异提供个性化学习计划，帮助他们在各自感兴趣的领域取得最大发展。谢鲲导师注重将思政教育融入科技培养，帮助学生树立正确的价值观与社会责任感，引导他们将技术创新与国家需求相结合，增强使命感与家国情怀。

这种综合素质和创新能力的培养，有效推动了创新型人才的成长。通过科学的管理和个性化的指导，导师团队帮助学生建立了扎实的学术基础，并培养了他们的创新意识，为国家和社会发展提供了重要的人才支持。

理念筑基，实践为翼

湖南大学　蔡明杰

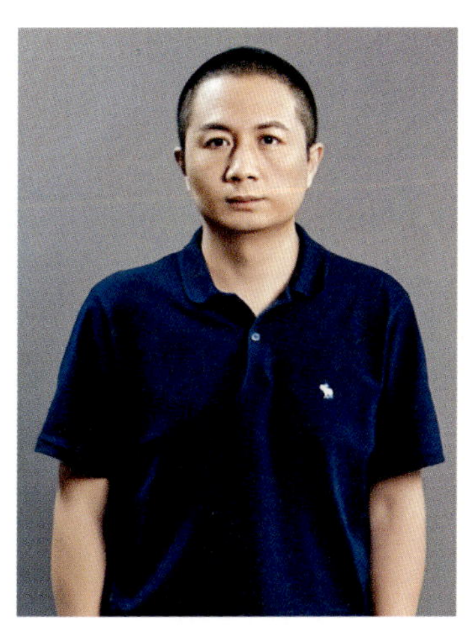

蔡明杰供职于湖南大学数学学院，担任“中学生英才计划”数学学科的导师。中国工业与应用数学学会等重要学术团体的委员，国家邮政局发展研究中心“泛在位置语义表达与位置服务方法研究”项目特邀专家，湖南省工业机器视觉工程技术研究中心专家委员会委员。

从2020年到2024年，蔡明杰教授连续4年参与湖南省“中学生英才计划”，共培养了13名学生。蔡明杰教授以其严谨的科研态度和富有启发性的教学方式深受学生们的喜爱。在2021年的学生中，宋宸宇同学脱颖而出，因其卓越的表现，被评选为年度优秀学生，成为湖南省当年唯一获此殊荣的学生。这一荣誉不仅是对宋宸宇个人努力的肯定，更是对蔡明杰导师教学成果的高度认可。

从个性化培养到全面发展

在蔡明杰教授的教学世界中，个性化培养不仅是口号，还是深入骨髓的教育理念。他深知，每名学生都像一颗独特的种子，拥有不同的生长环境和潜力。因此，他致力于构建一个以学生为中心的教学环境，让每名学生都能在适合自己的土壤中茁壮成长。

蔡明杰教授认为，个性化培养不仅是针对学生个体的兴趣和特长进行差异化教学，更重要的是要关注学生的全面发展。他鼓励学生不仅要掌握扎实的数学和AI理论知识，还要具备良好的人文素养、团队合作精神和社会责任感。为了实现这一目标，他精心设计了一系列教学活动，让学生能把数学与生活相融合，拓宽学生的视野，培养他们的综合素养。

▲ 蔡明杰教授指导学生如何学好数学

此外，蔡明杰教授还注重培养学生的自主学习能力。他鼓励学生主动探索未知领域，提出问题并尝试解决。他相信，只

有当学生真正成为学习的主人，才能激发他们的内在动力，持续不断地追求进步和卓越。

从理论到应用的跨越

在蔡明杰教授的教学体系中，实践被赋予了极高的地位。他坚信，理论知识是构建知识大厦的基石，而实践是检验理论正确与否、实现知识价值的关键。因此，他特别注重将理论教学与实践活动相结合，让学生在实践中深化对理论知识的理解，同时提升解决实际问题的能力。

为了给学生提供更多实践机会，蔡明杰教授与多家科研机构建立了紧密的合作关系。他引导学生参与实践项目，让他们亲身体验从需求分析、方案设计到系统实施的全过程。这些实践项目不仅让学生将所学知识应用于实际工作中，还让他们学会了与团队成员有效沟通、管理项目进度、应对突发情况等。

此外，蔡明杰教授还鼓励学生参加各类学术竞赛和创新创业活动。他认为，这些活动不仅能够锻炼学生的创新思维和实践能力，还能够激发他们的创业热情和社会责任感。在他的指导下，学生们在各类竞赛中屡获佳绩，不仅为学校赢得了荣誉，也为自己未来的职业发展打下了坚实的基础。

学术与能力的双重飞跃

蔡明杰教授的教学理念和实践策略取得了显著的成效。学生们在高中阶段便展现出了非凡的学术潜力和实践能力，尤其是在各类学术汇报和竞赛中屡获佳绩。在蔡明杰教授的推动下，学生们多次代表学校参加市级、省级乃至国家级的学术汇报比赛。他们从最初的紧张不安到后来的自信满满，在舞台上逐渐找到了自己的节奏和

▲ 蔡明杰教授与学生们进行“中学生英才计划”学生培养进展汇报

风格。他们精心准备汇报内容，从选题到数据分析，从理论阐述到实践应用，每一个环节都力求做到尽善尽美。在汇报过程中，他们不仅能够清晰地表达自己的观点和见解，还能够自如地应对评委的提问和点评，展现出了扎实的学术功底和出色的应变能力。这些学术汇报不仅让学生们获得了宝贵的经验和荣誉，更重要的是激发了他们对数学和 AI 领域的浓厚兴趣和热爱。他们开始更加主动地探索未知领域，积极参与科研项目和实践活动，不断提升自己的综合素质和能力水平。

除了学术成就，学生们的综合能力也实现了显著的飞跃。他们学会了高效学习、与团队成员协作、面对挑战并寻求解决方案等宝贵技能。这些技能不仅对他们的学术研究有着重要的支撑作用，还对他们的未来职业发展产生了深远的影响。

教育之路的艰辛与喜悦

蔡明杰教授在育才的征途中，经历了无数的艰辛与喜悦。他深知，教育是一项需要长期投入和无私奉献的事业。为了培养出优秀的学生，他需要不断地更新自己的知识结构、提升自己的教学能力、关注学生的学习动态和心理变化。这些工作不仅需要他付出大量的时间和精力，还需要他具备高度的责任心和使命感。

▲ 助教老师为学生们精心安排了教学内容和作业

当看到学生们在自己的指导下取得一项又一项成就时，蔡明杰教授内心的喜悦和满足是无法用言语来表达的。他深知，这些成就不仅是学生们个人的荣誉和成果，更是他作为一名教育工作者所追求的目标和价值所在。这种成就感让他更加坚定了继续投身教育事业、为培养更多优秀人才而努力的决心和信念。

携手共创美好未来

展望未来，蔡明杰教授对教育事业的发展充满了信心和期待。他相信，在全社会共同的努力下，教育事业一定能够迎来更加美好的明天。为了实现这一目标，他提出了以下几点建议。

1. 加强师资队伍建设

教师是教育事业的核心力量，只有拥有一支高素质、专业化的师资队伍，才能培养出更多优秀的人才。因此，学校应该加大对教师的培养力度，提高他们的教学水平和科研能力。同时，学校也应该为教师提供更多发展机会和平台，让他们能够充分发挥自己的才华和潜力。

2. 深化教育教学改革

随着时代的发展和科技的进步，传统的教育教学方式已经无法满足现代社会的需求，因此学校应该积极推进教育教学改革，创新教学模式和方法，同时也应该关注学生的个体差异和全面发展需求，为他们提供更加个性化、多元化的教育服务。

3. 加强校企合作与交流

校企合作是推动教育事业发展的重要途径之一。通过与企业建立紧密的合作关系和交流机制，学校可以及时了解市场需求和行业发展趋势，同时也可以为学生提供更多实践机会和就业渠道。因此，学校应该积极寻求与企业的合作机会和交流平台，同时也应该引导学生树立正确的就业观念。

4. 推动教育信息化发展

教育信息化是推动教育现代化的重要手段之一。运用现代信息技术手段可改进教育教学方式和管理模式，提高教育教学效率和质量。因此，学校应该加强信息化基础设施建设和管理水平，同时也应该引导教师和学生积极运用信息化工具和资源进行学习和交流。

总之，蔡明杰教授用自己的实际行动诠释了什么是优秀的教育工作者和导师。他用自己的智慧和汗水为学生们铺设了一条通往成功和卓越的道路，同时他也为教育事业的发展贡献了自己的力量和智慧。我们相信，在他的引领下和全社会的共同努力下，教育事业一定能够迎来更加美好的明天！

点燃科研创新之火，培育数学英才

西安交通大学　马知恩

导师简介

马知恩供职于西安交通大学，担任“中学生英才计划”数学学科的导师。首届国家级教学名师，全国优秀教师，曾任全国高等学校工科数学课程教学指导委员会主任、高等学校大学数学教学研究与发展中心主任、全国高等数学教材编审委员会委员、西安交通大学理学院院长、国家级教师教学发展示范中心主任等职。出版教材、译著 11 部，专著 5 部。承担国家级和教育部科研教育教学改革项目 20 余项。发表学术论文 230 余篇，获国家级和教育部教学与科研奖 14 项。

革新引导方式，促进科研模式转变

▲ 马知恩教授进行“中学生英才计划”讲座

在“中学生英才计划”学生培养过程中，马知恩教授团队注重教师引导方式的革新，以实现从导师主导的科研模式向以学生为中心的转变，妥善平衡知识传授与能力培养之间的关系。科研不仅是知识的传授，更是能力的培养和思维的启迪。因此，马知恩教授团队着力提升学生的科研能力，不仅深入剖析问题核心，传授科学思维方法，还鼓励学生大胆提出自己的见解和猜想。同时，团队积极创新科研模式，摒弃了过度呵护的“保姆式”指导，给予学生更多自主探索的空间，让他们在实践中学会独立思考和解决问题。在日常交流中，导师团队巧妙地将个人的学习与研究方法论、解决实际问题的宝贵经验及深刻感悟融入其中，以此激发学生的创新思维，培养他们敏锐的问题意识、精准的问题提炼能力及有效的问题解决策略。

“品行养成、思维创新、能力培养、知识创新”四位一体的教育理念

在具体的“中学生英才计划”学生指导过程中，马知恩教授团队严格遵循“品行养成、思维创新、能力培养、知识创新”四位一

体的教育理念，这不仅是对学生综合素质培养的高度概括，更是团队在教育实践中的行动指南。在前期与学生的沟通交流中，团队成员深入细致地了解每位“中学生英才计划”高中生的知识掌握程度、学习习惯及兴趣爱好，以此作为精心挑选研究课题的重要依据。只有确保研究课题既符合学生的当前能力水平和科研兴趣，又能有效激发学生的潜在能力，才能真正让学生在适合自己的研究方向中发光发热，取得优秀的成绩。

在“品行养成、思维创新、能力培养、知识创新”四位一体的教育理念的指引下，团队导师不仅关注学生的知识学习和能力培养，更注重学生的品行养成和创新思维的培养。他们通过言传身教、榜样示范等方式，引导学生树立正确的价值观和人生观，培养他们的道德品质和社会责任感。同时，他们还鼓励学生敢于质疑、勇于创新，不断挑战自我，追求卓越。

“启蒙—深化—实战”的渐进式指导策略

“启蒙—深化—实战”的渐进式指导策略是马知恩教授团队在“中学生英才计划”学生培养过程中精心设计的一套系统性指导方案。为实现培养具有创新精神和实践能力的未来科学家的目标，团队巧妙地将科普讲座、专题讲座与科研训练相结合，形成了一个循序渐进、层层递进的培养体系。

科普讲座作为启蒙阶段，通过生动有趣的讲解和丰富多样的案例，为学生打开科学世界的大门，拓宽他们的科学视野，激发对数学及科研领域的浓厚兴趣。这一阶段的讲座内容广泛，涉及数学基础、研究方法、科学史等多个方面，为学生构建一个全面的科学知识体系。

专题讲座则进一步聚焦，深入探讨特定领域的前沿知识和热点问题。团队导师根据自己的研究方向和特长，为学生带来一系列专

▲ 贺致尧同学进行“中学生英才计划”开题报告

业性强、内容深入的讲座，帮助他们建立扎实的理论基础，为后续科研训练打下坚实的基础。

而科研训练则是整个渐进式指导策略中的核心环节。通过一对一的指导方式，团队围绕当前科学研究的热点与难点问题，引导学生系统地进行科研实践。这一过程不仅包括基础知识回顾、数学建模能力培养、编程技能提升、学术论文撰写的全方位训练，还注重培养学生的科研素养和团队合作精神。在实践中，学生逐渐

▲ 马知恩教授与“中学生英才计划”学生合影

掌握问题驱动的学习策略，有效提升他们提出问题、分析问题直至解决问题的科研基本能力。

“中学生英才计划”的持续培养与科研训练的深入实施，不仅显著提升了学生学习数学的兴趣与热情，使学生享受探索数学的乐趣，更重要的是，他们的科研创新能力得到了质的飞跃，为未来的学术研究与职业发展奠定了坚实的基础。这些学生在科研道路上展现出的独立思考、勇于创新的精神风貌，正是马知恩教授团队在“中学生英才计划”中教育学生的初衷与期望。

鉴于此，马知恩教授团队建议对在“中学生英才计划”中表现卓越的学生给予更多的表彰与奖励，让他们的努力与成就得到应有的认可，以此鼓励并激发更多学生的参与热情。同时，团队也应着眼于学生的长远发展，为他们提供更加连贯、系统的科研训练与成长路径，让他们的每一步成长都充满意义与价值，为培养更多具有国际视野、创新精神与实践能力的领军人才贡献力量。

矢志育英才，桃李满天下

西安交通大学　赵季中

导师简介

赵季中供职于西安交通大学，担任“中学生英才计划”计算机学科的导师。国家级人才，国际计算机学会（ACM）西安分会主席，西安交通大学视觉信息处理与应用国家工程实验室副主任。主要从事移动计算、智能感知、分布式系统等方面研究。在*IEEE/ACM ToN*、*IEEE TMC*和ACM CCS、ACM Mobicom、IEEE INFOCOM、ACM UbiComp等国际知名学术期刊和会议发表论文160余篇，单篇最高被引用300余次，获国家发明二等奖和陕西省科技进步奖各1次。主持“核高基”国家科技重大专项，国家自然科学基金、杰出青年基金等国家级项目近20项，授权发明专利30余项。

结合团队优势，拓宽学习视野

赵季中教授团队成员研究的领域涵盖芯片设计、人工智能、智能感知和大数据处理等多个方面，形成了从感知前端设计到无线信号传输、信息融合计算的完整链条。团队通过跨学科协作，帮助学生在学习过程中拓宽视野并掌握多领域知识。针对研究热点的动态变化，团队及时更新选题方向。例如，2022 年，团队引入“通感一体”和“感算融合”的课题；2023 年聚焦“大模型微调与适配”方向，为学生提供紧贴前沿的研究项目。在具体选题过程中，团队详细介绍每个课题的背景和任务要求，并根据学生的基础能力和兴趣安排适合的科研内容。通过循序渐进的任务设计，学生不仅在科研训练中掌握了方法论，还增强了对技术应用的实际理解。2024 年 11 月，团队带领学生参观华为技术有限公司西安研究所，并为学生们带来了题为“勇敢新世界”的专题报告。报告从工业革命的历史进程谈起，深入分析了技术革新的加速趋势，鼓励同学们把握历史机遇，勇于创新，为推动数字化转型贡献力量，在科技创新的浪潮中奋勇向前。

▲ 华为人力资源部为学生做“勇敢新世界”的专题报告

启发式教学方法是团队的重要特色。赵季中教授团队通过案例教学，引导学生分析实际问题、设计实验方案并验证假设。这种教学方式培养了学生的独立思考和创新能力，也激发了他们对科研的热情。为了支持学生全面发展，赵季中教授注重学生与教师的互动，通过座谈了解学生的个性化需求，并灵活调整教学计划。他将通识教育安排在学期内，将集中实践和实操培训安排在暑假，并采用线上线下相结合的方式，充分考虑学生课余时间的特殊性。在赵季中教授的悉心指导下，许多学生不仅掌握了科研基本范式，还培养了坚韧的探索精神。

以身作则，践行育人之道

赵季中教授深知，科研工作不仅是为了发表论文，更是为了推动科技进步和服务社会需求。他以身作则，严谨治学，注重科研成果的实际转化。团队在智能交通、医疗健康等领域取得了重要成果，为解决实际问题提供了创新方案。他鼓励学生将科研与社会需求相结合，关注实际问题并提出解决方案。赵季中教授还积极参与国家重大科技项目，为我国科技发展做出了重要贡献。

在“中学生英才计划”中，赵季中教授团队通过理论与实践的有机结合，为学生构建了从基础知识到前沿研究的成长路径。他始终坚信，每名学生都有独特的潜力，通过因材施教和精心指导，可以帮助学生充分发挥自身能力。在他和团队的努力下，学生们不仅提高了科研能力，也逐渐树立了独立思考和探索

▲ 赵季中教授在计算机学科开班仪式中致辞

未知的科学精神。

赵季中教授还特别注重培养学生的社会责任感和团队协作能力。他通过定期组织学术研讨会、实践工作坊等形式，让学生在多样化的科研环境中得到锻炼。例如，在研究项目的实际操作中，他鼓励学生关注应用场景的实际需求，设计出切实可行的解决方案。这不仅增强了学生的学术能力，也提升了他们的实践能力和社会担当意识。通过这些努力，他为我国培养了一批兼具理论素养和实践能力的青年科研人才。

前沿课题引领，培养创新人才

在赵季中教授的带领下，团队始终关注科技发展趋势和研究热点。例如，随着6G技术的提出和通信感知一体技术的兴起，团队迅速在课题中引入相关研究方向。同时，在人工智能领域，大模型技术的飞速发展也成为团队关注的重点方向之一。团队不仅提供了丰富的选题内容，还帮助学生在研究过程中掌握关键技术和方法论。

为了确保学生能够深入理解研究课题，团队采取了灵活的教学方式。例如，对于自然语言处理方向的研究课题，团队从基础知识讲解到实际应用案例分析，循序渐进地引导学生深入研究。对于学习能力较强的学生，团队提供具有挑战性的研究方向，并安排资深导师进行一对一指导。在赵季中教授的悉心指导下，学生不仅感受到了科研的魅力，也增强了在实际问题中应用知识的能力。

▲ “中学生英才计划”学生和研究生一起听学术报告

赵季中教授始终强调科研教育的社会价值。他的研究工作始终紧贴国家和社会

▲ “中学生英才计划”学生和导师团队合影留念

需求，以服务社会为目标。在培养学生的过程中，他不仅注重学术能力的提升，更关注学生的社会责任感和团队协作能力。他以实际行动诠释了科研工作者的使命，并通过教学和科研实践，为我国培养了大批具有创新能力的科研人才。

▲ 赵鲲副教授和赵衰博士在给学生答疑

同时，赵季中教授通过整合资源，为学生提供多样化的学习机会。他积极引入国际先进技术，与多家科研机构和企业合作，让学生参与到真实的科研项目中去。这种开放的教学方式，使学生在学习过程中接触到了最新的技术前沿和应用需求，培养了他们的全球视野和竞争力。在他的指导下，许多学生在国际会议和学术期刊上发表了高水平论文，为团队和学校赢得了广泛的认可。

通过多年的教学实践，赵季中教授形成了一套完善的育人体系。他坚信，每名学生都具备独特的潜力，通过科学的指导和悉心的培养，能够在学术道路上取得卓越成就。他以实际行动诠释了科研教育工作者的责任与担当，为推动我国科技教育事业的发展贡献了自己的力量。

用兴趣引领创新

内蒙古大学　周建涛

导师简介

周建涛供职于内蒙古大学计算机学院，担任“中学生英才计划”计算机学科的导师。生态大数据教育部工程研究中心主任，内蒙古计算机学会理事长。内蒙古“草原英才”“新世纪 321 人才工程”第一层次人选。曾获全国宝钢优秀教师奖、内蒙古科技进步奖二等奖、高等教育教学成果二等奖等。《数据结构与算法》国家级线下一流课程负责人，内蒙古自治区“云计算与软件工程”科技创新团队负责人。

激发兴趣，因材施教，培养创新思维

兴趣是创新的前提，是激发青少年科学家潜质的关键项。周建涛教授团队通过展示计算机领域的前沿成果和实际应用，激发学生对计算机科学的浓厚兴趣，让他们主动投入学习和研究中。根据每名学生独特的学习风格和兴趣点，团队制订个性化的培养方案，充分发挥学生的优势，弥补学生的不足。在培养过程中，团队要求学生自主调研计算机科学前沿技术和发展现状，鼓励学生敢于质疑、敢于创新，培养他们的创新思维和实践能力。除了专业知识和技能的培养，周建涛教授团队还特别关注学生的综合素质培养，如沟通能力、团队协作能力、领导力等，希望学生成长为全面发展的人才。

多元教学，实践引领，提升综合能力

根据“中学生英才计划”的要求和学生的实际情况，周建涛教授团队制订了详细的教学计划，涵盖计算机基础知识、编程语言、数据结构与算法、数据库、计算机网络等方面的内容。团队合理安排教学进度，确保学生能够逐步掌握计算机领域的核心知识和技能，利用多媒体教学资源，如视频、动画、演示文稿等，帮助学生更好地理解抽象的概念和原

▲ 2022年9月，周建涛教授受邀做2023年内蒙古自治区“中学生英才计划”专题讲座

理。在教学过程中，团队采用启发式提问、案例分析等教学方法，引导学生思考问题、分析问题、解决问题，培养学生的创新思维能力，鼓励学生提出自己的想法和观点，对学生的创新思维给予肯定和鼓励。团队通过课程学习，让学生掌握创新方法和技巧，提高学生的创新实践能力。同时，团队采用线上和线下相结合的授课模式，充分灵活地利用好学生的课余时间，给学生提供相关的学习资料和参考书籍，引导学生自主学习和探索。团队还定期组织学生进行学习交流和讨论，分享学习心得和经验，培养学生的自主学习能力和团队协作能力。在学生基本掌握理论知识的基础上，团队安排丰富的实验课程，指导学生进行实验操作、分析实验结果，培养学生的实践动手能力和科学研究能力，让学生通过实际操作，加深对理论知识的理解和掌握。在项目实践阶段，团队布置具有挑战性的项目任务，引导学生进行项目规划、需求分析、设计实现、测试调试等环节，让学生在实际项目中应用所学知识，提高解决实际问题的能力。此外，团队还安排学生进实验室，组织学生参加校内的学术讲座、学术交流活动等，拓宽学生的视野，激发学生的创新灵感，营造良好的创新氛围。

▲ 2024年11月，周建涛教授受邀做2025年内蒙古自治区“中学生英才计划”专题讲座

成效与体会

通过以上培养理念和做法的实施，周建涛教授团队取得了显著

的成效，具体体现在学生的专业知识与技能、实践与创新能力及综合素质的全面提升 3 个方面。

首先，学生的专业知识和技能得到了显著提高。在计算机基础知识、编程语言与算法等核心知识的学习中，学生不仅掌握了扎实的理论基础，还能够熟练运用所学知识解决实际问题。例如，在编程语言学习中，学生能够独立完成复杂的代码编写和调试任务；在算法知识学习中，学生能够灵活运用各种算法解决实际工程问题。这种能力的提升不仅体现在课堂学习中，还反映在学生的课外实践和项目开发中。通过系统的教学计划和多样化的教学方法，学生逐步构建了完整的计算机知识体系，为后续的深入学习和研究奠定了坚实的基础。

▲ 周建涛教授对学生培养课题进行了答疑，并与学生进行交流讨论

▲ 周建涛教授听取学生课题研究进展情况汇报，同学生进行交流探讨

其次，学生的实践能力和创新能力得到了有效培养。在项目实践、竞赛和科研活动中，学生表现出色，取得了一系列优异的成绩。例如，在日常培养中，学生能够独立完成实验设计、操作和结果分析，展现出较强的动手能力

和科学探究精神。在项目实践中，学生通过参与“基于大数据分析的空气质量预测”“AI辅助的老人防摔倒自动检测”等项目，不仅将理论知识应用于实际问题的解决，还提出了许多创新性的解决方案。这些项目在“中学生英才计划”汇报答辩中得到了专家的一致好评，充分体现了学生的创新思维和实践能力。此外，刘一涵等同学在青少年科技创新大赛中取得了优异成绩，进一步证明了学生在创新实践方面的突出表现。

最后，学生的综合素质得到了全面提升。在培养过程中，周建涛教授团队不仅注重专业知识和技能的传授，还特别关注学生的沟通能力、团队协作能力和领导力的培养。通过定期的学习交流、团队项目和学术活动，学生学会了如何与他人有效沟通、协作解决问题，并在团队中发挥领导作用。例如，在团队项目中，学生能够合理分工、高效协作，共同完成复杂的任务；在学术交流活动中，学

▲ 周建涛教授与学生和教师代表合影

生能够自信地表达自己的观点，并与他人进行深入的讨论。这些能力的提升不仅有助于学生的学术发展，还为他们未来的职业发展奠定了坚实的基础。

综上所述，通过系统的培养理念和科学的培养方法，学生在专业知识、实践创新能力和综合素质等方面都取得了显著的进步。这些成效不仅体现了培养计划的有效性，也为学生的全面发展和未来的学术、职业发展提供了强有力的支持。未来，团队将继续优化培养方案，进一步激发学生的潜力，培养更多具有创新精神和实践能力的优秀人才。

在“中学生英才计划”的高中生培养过程中，周建涛教授深刻地体会到以下几点。

第一，关注学生的兴趣和需求是培养的基础。只有了解学生的兴趣和需求，才能制订出符合学生特点的培养方案，激发学生的学习热情和主动性。

第二，多样化的教学方法和实践活动是培养的关键。采用多样化的教学方法和实践活动，能够让学生在不同的学习场景中获得知识和技能，提高学生的综合素质和能力。

第三，导师的引导和支持是培养的重要保障。导师在学生的学习和成长过程中起着重要的引导和支持作用。导师应该关注学生的学习进展和心理状态，及时给予指导和帮助，鼓励学生克服困难，不断前进。

搭建数学桥梁，激发科学探索兴趣

西湖大学　陈华一

陈华一　供职于西湖大学，担任“中学生英才计划”数学学科的导师。曾先后在巴黎第八大学、巴黎第七大学、格勒诺布尔第一大学、巴黎西岱大学任教。2008 年获得终身教职，2012 年晋升为教授，2024 年起任西湖大学讲席教授。陈华一的研究领域是算术几何，是 Adèle 曲线理论的创始人之一。

激发数学兴趣，培养科学思维

在浙江省“中学生英才计划”中，陈华一教授的教学理念是为优秀的中学生搭建深入探索数学领域的桥梁，使他们在高中阶段便能接触到高等数学的思维方式和学术方法。中学与大学数学教育的差异不仅在于知识深度的差距，更在于思维方式的不同。因此，陈华一教授的课堂着重融入更为高等的数学思想，用大学数学的观念帮助学生理解和透视中学数学内容。这样的教学方法能够让学生从不同角度认识数学，提高他们的逻辑推理和问题解决能力，进而培养对数学的深入兴趣。

此外，陈华一教授始终坚信面对面的学术交流对于数学学习是十分重要的。数学不仅是一门学科，更是一种不断创新、激励思维的思想体系。为此，陈华一教授非常注重为学生创造与顶尖数学家交流的机会，让他们在真实的学术氛围中感受数学的魅力。通过这样的接触，学生能够更直观地认识到数学研究的挑战，树立进一步探索的信心，逐步形成科学的思维习惯。通过一流数学家的指导，他们不仅可以汲取知识，还能培养对数学的持久兴趣。

陈华一教授希望通过“中学生英才计划”中的教学，让学生在扎实掌握数学知识的同时，培养勇于探索的科学精神和创新意识，树立成为未来科技创新人才的志向。只有在具备了浓厚兴趣和科学思维的基础上，学生才能真正实现从知识积累到创造性应用的飞跃，为未来在数学和科学领域的发展奠定坚实的基础。

特色方法激发创新，多元教学提高素养

在课程设计上，陈华一教授鼓励学生通过课堂授课、课后思考、参加暑期学术活动等多种方式加深对数学概念的理解，并鼓励他们

在这一过程中提出自己的疑问和观点，学会独立思考与分析。这种教学方式能够有效培养学生的科学思维，帮助他们从被动学习逐步转向主动探索，提升发现问题和解决问题的能力。

1. 网课模式的探索与实践

2024 年，陈华一教授的小组共有 6 名学生，分别来自杭州、湖州、海宁、淳安等市县，难以在学期中间集中授课，因此日常授课采取网课形式，每周利用周末晚间授课。在课堂上，陈华一教授强调学生对基础概念的理解，采取

▲ 陈华一教授在给高中生授课

▲ 2024年，高中生暑期课程结业

课堂提问的方式了解学生的思路，并鼓励学生之间相互讨论。另外，他还为学生准备了适量的课后思考题，鼓励学生独立思考，自主探索。他在课程内容上选择了向量空间作为主题，将中学数学中的平面与空间向量的概念与高等数学中的代数结构有机结合起来。通过一个学期的学习，同学们接触了高等数学中的线性空间、生成元、线性无关组、内积等基础概念，并能用它们来加深对平面和空间向量的理解，取得了良好的效果。

2. 暑期学校的集训与强化

2024 年 7 月 8—22 日，陈华一教授与西湖大学 Ivan Fesenko 教授合作组织了面向中学生的暑期学校，通过讲座及与教授座谈的模式，为学生介绍当代数学知识。陈华一教授指导的“中学生英才计划”小组成员参加了这次活动。讲座专家包括西湖大学的多位教师：Alexey Cheskidov、Weronika Czerniawska、Paolo Dolce、Ivan Fesenko、周珍楠和陈华一，还包括广东以色列理工学院的 Nikita Kalinin 和

▲ 2024年，高中生在暑期上课

Evgeny Smirnov 教授，浙江大学的蔡天新教授和伊利诺伊大学芝加哥分校的 Mimi Dai 教授。

暑期课程内容涵盖广泛，展示了现代数学多个重要分支的魅力。例如，热带几何揭示了几何与代数的全新互动方式，Burgers 方程为流体力学和非线性偏微分方程提供了经典模型，椭圆曲线密码学则连接了数论与信息安全，p 进数的应用展示了数的世界中无限广阔的可能性。这些前沿内容不仅拓宽了学生的学术视野，也帮助他们构建了现代数学领域的宏观图景。课程不仅限于传统讲授方式，还包括了小组讨论和问题解决环节，学生可以深入交流、合作攻关，共同探讨复杂的数学问题。

为了丰富学习体验，暑期课程还安排了多样的课外活动和社交机会。例如，他们组织学生参观科技公司，让学生了解数学在实际科技研发中的应用；跨文化工作则为学生提供了不同文化背景下的数学视角，拓宽了他们的国际视野。这些活动不仅让学生在学习之余得到放松，也在轻松的环境中鼓励他们进行跨文化交流和多学科融合，进一步激发了他们的好奇心和创造力。

在暑期学校的结业仪式上，学生展示了自己在学习过程中制作的海报。这些作品生动地反映了他们对所学内容的理解、想象和探索精神，成为整个课程的亮点之一。通过这种方式，学生们不仅表达了对现代数学的独特见解，也展示了他们在创意表达和团队协作方面的成长。

▲ 陈华一教授带领高中生参观科技公司

课程期间，开放的课堂氛围和老师们的耐心指导，为学生提供了一个充满支持和包容的学习环境。鼓励主动思考和提问的课堂文化，不仅让学生领略到课本之外的数学魅力，还让他们感受到数学的深度与广度，为那些对数学抱有浓厚兴趣的学生提供了一个深入理解的机会。通过这一过程，学生们的逻辑思维能力和创新意识得到了显著提升，这将对他们未来的学术发展产生深远影响。

“中学生英才计划”的线上授课和线下暑期学校集中学习，不仅强化了学生们的数学知识，更重要的是为他们搭建了一个与同龄人分享学习、交流思想的平台。在这里，他们与其他同样热爱数学的年轻人建立了联系，这种珍贵的友谊和学术纽带，将成为他们未来探索数学道路上的强大支撑。

调整课时布局安排，加强反馈体系建设

陈华一教授在“中学生英才计划”授课过程中发现部分中学在周末安排学生学习，挤占学生休息和进行课外活动的时间；同时大部分学校要求高中生住校生活，又不能在晚间为学生参加线上授课准备互联网连接等必要的硬件设施。这使得线上授课的组织异常困难，尤其是后半学期难以找到所有学生都有空闲的时间进行授课，个别学生只能通过观看课程录播的方式听课。观看录播不能向学生提问并进行对话，极大影响了这些学生的学习质量。他建议各中学提前上报课程表，尽量避免将课外时间冲突的学生安排在同一个老师的组里。

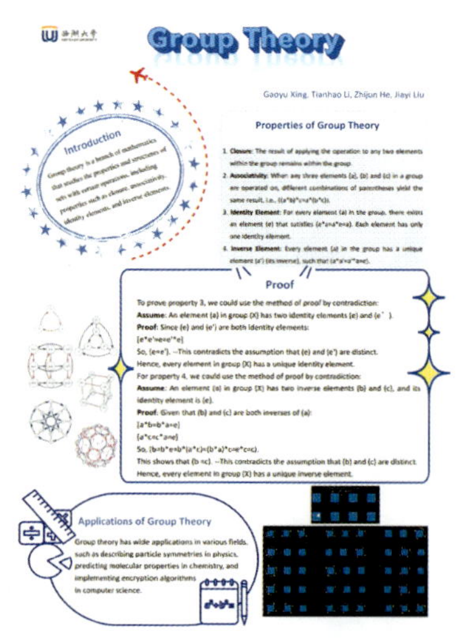

▲ 2024年，高中生暑期课程成果

建立学生反馈机制对于“中学生英才计划”的实施也至关重要。通过

收集学生的意见和建议，老师可以了解自己的教学方法是否有效、课程内容是否合适，从而做出相应调整，以更好地满足学生的学习需求。此外，让学生参与到教育过程中来，有助于培养学生的主人翁意识，激发他们对学习的兴趣和动力。从长远来看，定期获取并认真考虑学生的反馈是衡量一个教育项目是否健康发展的标准之一。这有利于发现并及时解决潜在问题，确保教育质量稳步提升。

就数学学科而言，大学教师进入中学举办活动可以激发更多学生对数学研究的兴趣。陈华一教授建议未来选择一些优秀高中作为试点，与大学结对进行“中学生英才计划”合作。这样可以加强大学与中学教师的互动，惠及更多学生。

矢志扶后学，为国储人才

点燃学生的数学之火

首都师范大学　胡煜成

导师简介

胡煜成 供职于首都师范大学交叉科学研究院，担任“中学生英才计划”数学学科的导师。北京国家应用数学中心和北京成像理论与技术高精尖创新中心骨干成员，研究方向为随机模拟、生物数学、图像分析，在 *Cell*、*IEEE TMI*、*J. Comp. Phys.* 等杂志发表论文 20 余篇。参与研究的“白癜风的免疫响应及其调控机制”项目取得突破性进展，打开了深入研究白癜风发病机制和治疗手段的大门。

引领探索之路，激发数学热情

胡煜成老师担任“中学生英才计划”的导师已经一年多了。在指导学生参加科学研究、学术研讨和科研实践的过程中，他深刻感受到了教育的力量与责任。老师不仅是知识的传授者，更是学生探索新世界的引导者。胡煜成导师将自己对数学的认识与理解倾囊相授，不仅分享基础知识，更讲解背后的思维逻辑和应用场景。他希望学生在探索的旅程中，找到自己的兴趣和方向，培养终身学习的习惯。这样的教学方式不仅能让学生掌握知识，更能培养出独立思考和解决问题的能力，成为能够应对未来挑战的有用人才。

每名学生都是独特的思维个体，他们对数学的理解和感受各不相同。在与他们探讨问题的过程中，胡煜成导师不仅是在传授知识，更是在倾听他们的声音，理解他们的疑惑与思考。数学教育不仅是知识的传播，更是心灵的沟通与思想的碰撞。

融入实践应用，培养创新能力

应用数学是数学的一个重要分支，旨在利用数学方法和理论解决现实世界中的问题。它是理论数学与实践需求之间的桥梁，涵盖了广泛的领域和应用场景。以应用数学为研究方向来培养学生，不仅可以引导学生了解数学在科学、技术、工程及社会领域中的诸多功能，激发他们对数学的学习兴趣，还可以增强中学生的数学修养，为其未来的学术发展和职业选择奠定坚实的基础。

在培养过程中，胡煜成导师在充分考虑学生个人研究兴趣的基础上，结合自身的研究方向，科学设计学生的研究课题，鼓励学生将数学知识与现实问题相结合。通过项目式学习或专题研究，学生能够更加深刻地理解数学的价值和作用。同时，培养过程中既要强

▲ 胡煜成导师和康乐同学在首都师范大学的合影

调基础知识的学习与掌握，也要注重知识的实际应用效果，强化学生在解决实际问题中的逻辑思维能力、分析能力和综合实践能力。此外，培养过程中应融入创新思维的培养，通过设置开放性问题、研究讨论等，鼓励学生从不同角度探索问题的解决方案，培养其批判性思维与创新意识。“中学生英才计划”的最终目标是培养出基础知识扎实、实践应用能力强，同时具备创新思维和全球视野的“英才”，让学生不仅在学术研究中脱颖而出，也能在未来职业生涯中展现卓越的能力与潜力。

传授数学之美，启迪独立思维

王煜琪是胡煜成担任“中学生英才计划”导师后培养的第一名学生，在了解了她所掌握的数学知识及个人学习兴趣后，胡煜成导师与学生共同决定以初步入门编程技能及学习解决问题的数学方法为培养计划，并以植物下胚轴的三维重建及其长度计算为研究课题。教学期间，胡煜成导师帮助王煜琪同学学习了如何从含有目标的照片中提取目标物体的轮廓，以及如何利用体积雕刻实现目标物体视觉外壳的重建等基本原理和方法，同时也学习了数据挖掘和机器学习课程的部分知识。通过这些学习与实践，王煜琪同学不仅掌握了相关技能，还对图像处理和三维建模的实际应用有了更深的理解。在教学过程中，胡煜成导师特别注重以下几个方面：第一，鼓励学生有问题有想法及时沟通，好的问题往往能引导出更深刻的思考，而沟通则是推动这种思考的桥梁；第二，帮助学生理清思路，重视学生创新想法；第三，培养学生独立思考和解决问题的能力，授人以鱼不如授人以渔；第四，让学生感受到数学的实用价值，发现数学的无穷魅力。通过指导王煜琪同学，胡煜成导师不仅见证了她的成长与进步，也在教学过程中不断反思与改进自己的教学方法。

▲ 胡煜成导师和康乐同学在讨论高斯分布

后来，胡煜成导师又指导了康乐同学。两名同学各有其特点，对数学感兴趣的点也各有不同。为满足学生个性化需求，胡煜成导师因材施教，帮助每名学生找到适合自己的学习内容及方式。在与康乐同学的学习交流中，经过一段时间的互动与探讨，二人逐渐建立了良好的沟通基础。胡煜成导师协助康乐同学深入了解高斯及高斯分布的相关知识。除了传授知识，胡煜成导师更注重培养学生的思维方式，让他们学会从不

▲ 胡煜成导师在开座谈会

同角度看待问题，鼓励批判性思维和创造性思考。他鼓励学生在课堂之外进行探索，培养他们的动手实践能力，让他们在实践中体会到知识的乐趣。在这一过程中，胡煜成导师采用生动有趣的数学故事作为切入点，通过讲解高斯的生平与贡献，让康乐同学体会到数学不仅有公式和定理，还有着丰富的历史背景和文化底蕴。为了让康乐同学更好地理解高斯分布的概念，胡煜成导师引导他进行推理和讨论。他们一起探讨高斯分布在现实生活中的应用，例如在自然科学、社会科学和工程技术等领域中如何被广泛使用。这种应用导向的学习方式帮助康乐同学建立了数学与现实之间的联系，让他感受到数学的奇妙与严谨。

在整个指导过程中，胡煜成导师帮助同学们学习新知识，拓展他们的视野，鼓励他们超越课本的限制，去发现书本上和书本外的知识之间的联系。通过引导他们参与实际问题的探讨与解决，胡煜成导师希望他们能够将所学的数学知识应用于现实生活中，从而真正理解数学的价值和意义。在每一次教学实践中，他尽量将抽象的数学概念与具体的应用联系起来，让学生们明白数学不仅是课本上的符号，更是生活中解决问题的重要工具。他希望通过这种教学方式增强学生们的学习动机，让学生们在学习中体验到将所学知识成功应用到现实生活的喜悦与成就感。

个性化培养实践型科研储备人才

中国人民大学　程絮森

程絮森　供职于中国人民大学，担任“中学生英才计划”计算机学科的导师。国家级青年人才，北京市国家治理青年人才，担任工信部、商务部、交通部等多家部委单位特邀评审专家。从事数字经济与人工智能领域相关研究。主持过国家自然科学基金 6 项、教育部课题 4 项、北京市课题 3 项。在 *MISQ*、*POM*、*JMIS* 等国际 SSCI 顶级与权威期刊，ICIS、HICSS 等顶级学术会议及 CSSCI 核心等录用 / 发表论文 100 余篇。

兴趣与技能并重，创新与实践启航

程絮森研究团队从事人机交互领域研究，重点包括人机交互过程中的认知、情感与行为研究和机制探索，融合计算机科学、心理学、社会学、管理学等多学科特点，需要具备扎实的理论与研究方法基础。针对人机交互研究的具体要求，导师团队设计出个性化、启发式、实践型的贯通培养方案。充分考虑到中学生现阶段专业知识与科研素养仍在积累、科研方向仍待细化的现实情况，在培训提升科研基础、培育严谨科研风貌的同时，导师启发学生产生科研兴趣，创新指导学生科研实践，成为学生科研历程的引路人。导师指导来自首都师范大学附属中学和北京市第一六六中学的两名同学开展人机交互领域的研究。

个性化启发培养，规范化实践科研

1. 个性化制订科研计划

导师在对学生进行面试时，每名学生都展现出不同的兴趣点。因此，针对每名学生的兴趣和特长量身定制教学计划、采取个性化培养策略是释放不同类型学生科研潜力的关键。首次开展线下师生见面会时，导师通过与每名学生进行深入的交流，了解了他们的学习背景、兴趣爱好、文献阅读能力、科研学习能力及未来的学习和职业规划。基于这些信息，导师为他们提供多个相关的研究机会。具体来说，向他们介绍实验室目前在进行的多个项目，一方面，考虑到中学生对科研项目了解有限，导师根据各项目研究内容与能力要求，结合学生基本情况为他们推荐契合度较高的研究方向；另一方面，导师充分保留学生个性化选择空间，由学生结合自己的研究兴趣和技能情况选择感兴趣的研究方向，并就感兴趣的研究方向与实验室的博士生展开进一步交流。在见面会后，导师为学生布置共性的文献阅读任务与个性化科研任务。针对编程能力较强、对系统平台搭建感兴趣的刘海熠同学，导师依托实验室元宇宙平台搭建相关项目，指导他进行基于生成式人工智能的在线学习平台搭建与测试；针对具有论文写作基础、对人机交互中用户行为研究感兴趣的李文博同学，导师依托 AI 赋能的虚拟团队人机协作与信任项目，指导其阅读人机交互用户信任相关文献，总结现有研究不足之处并确定研究选题，鼓励其参与实验室开展的问卷调查与实验，通过实践学习并掌握相关研究方法。

▲ 程絮森教授与刘海熠同学（左）和李文博同学（右）合照

2. 启发式具化科研选题

利用个性化的培养理念帮助学生确定研究方向后，启发式的培养理念对培养学生进行自主科研有重要作用。导师在指导学生在人机交互用户信任领域进行具体选题时，通过提问和讨论激发学生的思考，鼓励学生结合与人工智能交互的实际体验广泛联想人机信任发挥重要作用的场景，比如是否愿意向人工智能披露隐私信息。导师在指导学生进行在线学习的人机交互平台设计时，将不同类型的用户需求作为启发线索，鼓励学生全面思考所需要的功能，例如，需要巩固基础知识的学生与学有余力、期望拓展课外知识的学生在平台需求方面有何不同？针对这些需求应该怎样完成个性化的功能

▲ 程絜森教授与学生线下交流研究生成式人工智能赋能的虚拟团队协作选题

设计？导师同时鼓励学生站在用户角度发现目前其他基于生成式人工智能的在线学习平台的问题，提出创新解决方案。在进行研究设计前，导师邀请学生参加实验室开展的问卷调研、访谈及实验，通过实践感受启发学生自己的研究设计，向学生提问：“你觉得这个问卷设计 / 实验设计有什么不足和可借鉴之处？”研究开展过程中，启发式的培养理念还能够培养学生独立解决问题的能力。学生在设计人机交互用户信任相关的实验时，对于控制变量与实验参与者的选取存在疑问和不确定，导师践行启发式培养理念对学生进行提问：“你认为还有什么因素会影响用户信任的测量？”“其他类似研究是如何进行变量控制的？”“此研究与以往研究有何不同？在变量控制上应该如何调整？”此外，在研究开展的全程，导师会鼓励学生实时与相关研究方向的博士生进行讨论，让学生们分享自己的想法和进展，通过相互之间的交流和碰撞，进一步深化理解。

3. 规范化推进实践研究

循序渐进地辅导学生开展规范化、有实践与理论意义的研究，具体做法分为如下几个阶段。首先做好前期准备，在“中学生英才计划”启动之初，导师积极与学生取得联系，通过线上线下交流的方式，包括线上研讨、实验室参观、线下见面会等方式向学生进行自我介绍和相关项目介绍，同时了解两名学生的兴趣所在及其对未来职业规划的想法。在此基础上，导师向学生明确学术规范与科研

▲ 程絜森教授团队与李文博同学线下交流人机协作平台设计

伦理，然后根据学生的能力分阶段制订文献阅读、研究方法学习的具体任务，为学生提供丰富的学习资料。导师邀请学生参与实验室其他项目研究，参与问卷调研与实验，在实践中学习研究方法的运用和数据分析。在学生具备了基本的科研素质与基础能力后，导师辅导学生制订研究计划并开展研究。在研究开展阶段，导师通过与学生交流文献调研与分析结果，引导学生发现现有研究中的不足并找到细化的研究场景，审核并修改学生的研究计划。针对他们所提出的具体研究问题，导师指导并把关学生的实验设计与开展，鼓励学生自主完成数据分析与结果讨论，在报告撰写环节通过迭代讨论帮助学生不断完善研究报告。

科研团队协同助力，能力素养双向提升

经过理论与实践并重的科研培养，学生的团队协作能力、文献阅读能力及独立科研能力有明显提升。研究的顺利开展离不开团队的支撑，学生在研究过程中积极与实验室博士生交流，在进行平台设计与搭建时自主组建研究团队，为团队成员分配任务并协调团队进展，积累了团队协作经验。在文献阅读方面，通过系统训练，学生已经能够阅读相关英文文献，并且能够系统地总结现有研究，发现并提炼现有研究中的缺口并产生新想法。另外，通过文献阅读、选题、研究设计、实验开展、数据分析的全流程训练，学生们掌握了问卷调查、访谈、实验等多种研究方法，能够运用软件进行数据

分析，对于研究中遇到的问题能够自主查阅文献和资料寻求解决方案，具备了独立科研能力。

提升科研资源与方法，挖掘学生兴趣与潜力

总结此次“中学生英才计划”，程絮森教授有如下体会与建议：一是高中生具备一定的科研潜力，正确引导和培养他们的科研兴趣及科研能力，能够为高校培养一批基础研究领域的科研后备军。他建议进一步完善“中学生英才计划”的培养体系，提供更多资源和支持，让更多学生有机会参与到科研活动中来。他鼓励企业为学生提供企业调研、产业实践的机会，引导学生进行有实践意义的科研探索。二是学生科研基础薄弱，科研早培需要注重方式方法，需要循序渐进地提升学生综合素质。他建议建立更精细化的跟踪机制，定期收集参与学生和高校教师的反馈，不断改进培养方案，使之更加符合青少年的成长需求。收集“中学生英才计划”的典型成果案例，在官网建立往届案例集，一方面能吸引更多有潜力的学生加入，另一方面能为之后“中学生英才计划”的顺利开展和培养质量提升提供借鉴。

培养创新习惯，启迪科研思维

上海交通大学　俞勇

俞勇 供职于上海交通大学，担任“中学生英才计划”计算机学科的导师。首批入选“国家高层次人才特殊支持计划”领军人物。现任上海交通大学 ACM 国际大学生程序设计竞赛总教练、上海交通大学“教育部基础学科拔尖学生培养计划”计算机学科（ACM 班）项目主任、上海交通大学 APEX 实验室主任，长期致力于培养计算机科学家及行业领袖。

矢志不渝育英才

▲ 俞勇教授寄语学生

作为“中学生英才计划”首批导师，俞勇教授已连续11年担任“中学生英才计划”计算机学科的导师，并且连续10年担任“中学生英才计划”计算机学科工作委员会委员。是一份育人的情怀、一份师者的责任与使命、一份沉甸甸的大爱、一份科学家的精神，牵动着俞教授锲而不舍、甘为后学、胸怀祖国的育才之心，也正是这份使命、责任与担当让俞教授致力于为国家培养计算机学科后备人才。

对于俞教授而言，培养中学生需要从改变学生的学习习惯入手。学生从小习惯了在课堂上听老师讲课，听完课后完成作业，做完作业再考试。俞教授认为科研是一个探索的过程，需要导师的指导与建议，更需要自身的思考与实践，要逐渐形成属于自己的学习习惯、思维方式，处理好“忙”与“闲”、“思”与“问”、“有”与“无”的关系，将良好的习惯应用于科研实践中。

“忙”与“闲”

中学生升学的压力比较大，参加“中学生英才计划”，要学会如何在有余力的条件下，做感兴趣的科研。关键是提高学习效率，节约出时间做自己感兴趣的科研。计算机学科本身就是一个讲效率的学科，中学生通过参与“中学生英才计划”，可以养成注重效率的习惯。

▲ 俞勇教授与学生围绕生成式人工智能课题展开深入探讨

每一名参加“中学生英才计划”的学生的情况各不相同，要引导学生找到适合自己的路径。

苏慧哲同学是俞勇教授培养的2018年“中学生英才计划”的一名学生。在培养初期，她利用上学路上的时间学习Python语法，用娱乐的时间学习算法，又因为算法中涉及高等数学方面的知识，所以她利用暑期学习微积分和线性代数教材。她从一开始通过导师授课学习，到主动找网课、书籍、论文学习。过程虽然难，但在关键时刻俞勇教授总能给她鼓励，为她指明方向，使得苏慧哲同学坚定地希望走上科学研究的道路。

“思”与“问”

学生在思考的过程中遇到解决不了的难点，就要善于问。问谁？问导师、导师团队的成员，从而获得资源。问什么？应该基于未解问题的思考去问，而不是就问题而问题，去掉自己的思考直接寻找答案是不行的。获得解答信息后也要学会反问、反思，甚至质疑，再在实践的基础上进行检验。

2020年“中学生英才计划”计算机学科学生何雪睿同学是俞勇教授培养的学生之一，曾获得2021年“国际科学与工程大奖赛（ISEF）”软件系统四等奖，进入2020年丘成桐中学科学奖计算机学

▲ 俞勇教授指导学生进行课题模拟答辩，并围绕生成模型及语义分析方法提出改进建议

科半决赛。何同学在培养结束后感悟道：“要研究清楚问题，需要大量地阅读文献，通过阅读文献锻炼了文献搜索与阅读能力；在实验测试的环节，要写代码验证自己的想法，进一步锻炼了编写代码的能力；把想到的、做到的用论文的形式展现出来，也锻炼了论文写作的能力。俞勇教授认为解决问题的最好办法就是大胆假设，严密求证，勇于尝试，不断实践。如此循环往复，最终的收获一定会超出自己的预期。”

“有”与“无”

在“中学生英才计划”的培养过程中，俞勇教授会安排学生基于自身知识和能力做一个课题，或学生自拟一个课题，俞教授会引导学生掌握做课题的方法。他强调做科学研究不一定会成功，科研过程比科研结果更重要。他培养学生平静、专注、没有功利心、心平气和地做科研。“有”与“无”是在科研过程付出努力，在“思”与“问”中获得科学方法。

俞方圆同学说：“科学研究确实是一件苦差事。这种辛苦不仅是夜深人静时坚守实验时体力上的累，也不仅是课余时间不能和同学有片刻休闲，还有对于自己提出的方案的一次次否定，程序第一次运行时‘一片飘红’的气恼，还有一遍遍检查程序仍然找不出故障的精神压力。每当此时，导师和助教们的鼓励，以及自己强烈的研究愿望便成了我苦中作乐的力量源泉。”何雪睿同学在其培养感想中写道：“我的课题获得了“国际科学与工程大奖赛（ISEF）”的四等奖与北卡罗来纳州立大学工程学院专项奖，但名次不是最重要的，在探究过程中的收获才是最令人高兴的。”

李露菲同学认为，俞勇教授对他们在科创思维、科研方法、选题原则、表达能力等方面的培养，还有对将来的职业发展等方面的悉心指导、帮助和启发，让他们终身获益。

培养中学生的创新能力是一个从观察开始，发现问题、讨论问题、深究问题、解决问题、再发现新的问题……这样循序渐进、螺旋式上升的探索科学本质的过程，在此过程中逐渐使中学生养成创新习惯，去解决学习和生活中遇到的问题。

十年感悟，铭记成长与坚持

上海交通大学　徐海光

导师简介

徐海光 供职于上海交通大学，担任“中学生英才计划”物理学科的导师。2013 年参加“中学生英才计划”物理组的工作。1991 年、1998 年在上海交通大学分别获理论物理专业理学学士和理学博士学位。曾在中国科学技术大学、东北师范大学、东京大学和哥伦比亚大学学习或工作。主要研究与星系团 X 射线气体热动力学和化学演化相关的物理问题，以及宇宙再电离信号探测中前景识别和分离问题。

徐海光教授于2013年参加了“中学生英才计划”，决定参加这个计划的原因其实非常简单：当时他正在负责他们学院的本科教学工作，在学校领导的帮助下寻找合适的物理导师进入“中学生英才计划”物理组乃是职分之内的事情。同时，他本人又一直对中学生科创抱有不小的兴趣。他在念中学的时候，读了很多科普书和科普杂志，也尝试着去理解一些大学教材，便有了找机会参加真正的科学研究实践的愿望。

适合高中生的培养模式

尽早激发学生对科学探索的兴趣，尽早挑选出有天赋、有潜质的学生开展针对性培养，在目前还不能系统性地推动并实现。我国高中生中的拔尖人才在发现并提出问题、实验、观察和建模分析等方面的能力均有提升的空间。因此，“中学生英才计划”的设立是极其及时、极其必要、极其关键的一件事情。培养高中生开展面对自然界规律的科学研究活动，需要使之养成实事求是的客观态度和追根溯源的批判精神，这与研究生培养是一致的，不应该存在第二种标准。然而，高中生受制于知识基础较弱、课余时间较少、心智尚在发育等不利因素，因此绝不能在“中学生英才计划”中照搬研究生的培养模式。一个可能的方式是，将工作分解为可控的多个阶段，循序渐进地尝试，根据学生的状态调整目标，确保每名学生都有所收获。其间，通过观察会发现学生中特别拔尖的那一部分人。实践证明，在坚持学业第一的原则下，对这部分学生完全可以适用部分研究生培养方法，帮助他们快速获得进步。

成长的根本动力来自学生自身

来自导师和团队的指导虽然重要，但进步的快慢主要还是看学

▲ 沈洋同学编写数据分析软件

生本人。这方面一个突出的例子是立志在未来成为一名科学家的2021届学生沈洋（来自上海市民办平和学校）。她在完成物理研究时需依靠编程进行计算。她抱着“作为一名高一学生，在了解了‘中学生英才计划’的培养目标和机制后，积极地想参与进来”“希望深入学习相关的文献阅读和数据分析方法，学通一两种计算机编程语言……最终掌握科学思维和科学探究方法”的想法加入了研究团队。考虑到她表达出了超出一般人的决心，导师团队安排她帮助分析星系团X射线图像，寻找其中的气体空洞，并对其进行基本的特征刻画。坦率地讲，这是一件枯燥劳累的工作，开始时也未对她寄予什么希望。然而，沈洋不但坚持了下来，而且在论文阅读的速度和深度、编程等方面的能力超过了团队中低年级研究生。经过持续努力，2023年沈洋进入哈维·穆德学院学习。同时，她与导师团队的合作一直持续至今，正在利用学习之余的时间将其高中阶段的研究结果总结到论文中，准备投稿到本领域一流学术期刊上。

▲ 程一苓同学自学大学物理

另一个例子的学生也来自2021届。上海市控江中学的程一苓在“中学生英才计划”招收面试时表达了希望“独立完成人生

第一个有一定完整度的实验……希望能真正自己动手、自己设计、自己实施完成一个以控制变量为基础的物理实验”的想法，提出对日常生活中十分常见的起雾现象进行研究。由于这个想法看起来过于简单，似乎也缺乏理论支撑，面试专家中出现了不同意见。但是，程一苓态度坚决，最终以发自内心的兴趣和诚意说服了专家。在这个例子中，程一苓利用闲暇时间在学校和家里自制多种设备进行实验，精心观测和记录数据，自学 Fletcher 经典核化理论用来分析数据，在规定时间内圆满完成了任务。2023 年，她以出色的成绩考入上海交通大学机械工程专业。

在“中学生英才计划”的激励下投身科学事业

令人印象深刻的案例当然不限于这两个例子，毕竟每名学生都有自己的特点，都有自己悉心规划的人生目标。“中学生英才计划”

▲ 沈洋同学（后排左2）参加APS女性物理大学生研讨会

从小的方面讲，就是为一批有志向的年轻人提供创造新机遇的有效平台；而从大的方面讲，就是为国家、为人类发展培养后备科技人才。相信所有参与“中学生英才计划”的导师都会有这样的感触。对于“英才”学生而言，他们经历了研究生涯中第一次挑战，体会了第一次挫折、第一次成功和快乐。正如沈洋同学所言：“在我第一次学习使用软件去分析星系团数据时，我极其沮丧地发现，真正要研究的不是网上随处可见的漂亮星空壁纸，而是一行行数据和模糊的黑白图像……然而，因这个认知偏差而导致的失落并没有持续多久，我很快被工作中推理分析的逻辑性迷住。作为一个渺小的人类成员，我竟能够通过缜密的编程代码和计算公式去一探星空背后的秘密，这是何等奇妙的事情。比起小时候，我的兴趣已经从单纯的对星空的好奇转变成了对科学研究的真正热爱。”这应该就是实施“中学生英才计划”的意义。

万物皆可研究，兴趣推动创新

同济大学　张建卫

导师简介

张建卫 供职于同济大学，担任“中学生英才计划”物理学科的导师。上海市物理学会理事，上海市物理教学媒体研究会理事长。荣获上海市2012年度“曙光学者”，入选2010年度上海市“浦江人才计划”。主要研究方向为自旋输运理论、磁性材料中的非平衡态输运性质、流体动力学特性研究等，已发表SCI论文30余篇，发明专利3项。主持国家自然科学基金等科研项目12项。

中学生创新教育培养

1. 从善于观察到兴趣启发

在青少年创新素养的培育之路上，善于观察是第一步，也是兴趣萌发的基石。张建卫教授从事青少年科创教育培养10余年，一直强调要对中学生进行科学引导，不断激发他们的好奇心。青少年好奇心旺盛，对周围世界充满探索欲。老师应该引导学生对生活中的现象进行观察和体验，关注社会新闻热点，在实践中学习观察的方法，如对比分析、归纳总结等，从而发现日常生活中的不寻常之处，激发对未知世界的好奇心和探索欲。

张建卫教授认为，随着观察的深入，学生们会逐渐对某些领域或问题产生浓厚的兴趣，这是推动他们深入学习、主动探索的强大动力。老师应敏锐捕捉孩子们的兴趣点，提供丰富的资源和平台来支持他们深化学习和研究，让兴趣之花在知识的土壤中茁壮成长。

2. 强化科学思维，锻炼实践能力

通过多年来从事青少年创新教育的经验，张建卫教授发现在科学兴趣的驱动下，学生们需要进一步强化科学思维，建立科学逻辑结构，再经过实践锻炼才能形成良好的科学创新习惯。科学思维包括逻辑思维、批判性思维、创新思维等多个方面，青少年学生要具备良好的科学素养、信息检索能力及动手实践能力，这也是发现问题、解决问题、实现创新研究的关键。老师应该通过设计问题导向的学习任务，引导学生掌握提出问题、假设验证、建立模型、采集数据、数据分析、结论推导等科学研究的基本流程，进而培养其逻辑思维和严谨的科学态度。

张建卫教授认为，实践能力是青少年创新素养培育的重要组成部分。青少年应在老师的指导下，参与多类型的实践活动，不仅能够

锻炼他们的动手能力和团队协作能力，还能让他们在实践中发现问题、解决问题，将理论知识转化为实验实践。通过不断地尝试，青少年学生们才能够积累经验，增强自信，进一步体验科学研究的过程，为未来选择专业领域学习和从事各行业的工作打下坚实的基础。

3. 实践为起点，创新为目标

实践是创新的起点，也是检验真理的唯一标准。张建卫教授创建了同济大学物理科学与工程实践工作站，面向高中生开展科学综合素养能力培养。经过多年的实践，他发现青少年在实践中会不断遇到新的问题和挑战，而这些正是激发他们创新思维，培养他们创新能力的宝贵机会。他的团队也一直鼓励学生们要敢于尝试，勇于探索，即使失败也不气馁，要从失败中吸取教训，不断调整和完善自己的方案。

创新是青少年成长的目标，也是社会进步的源泉。在培养青少年创新素养的过程中，老师应多注重培养他们的创新意识，强化他们的创新思维，着重锻炼他们的创新能力。张教授根据多年的中学生培养经验表示，青少年学生培养需要通过举办创新成果展示、科学创意设计等活动，为学生提供展示成果、交流思想的平台，激发他们的创造力和想象力。同时，还应加强知识产权教育，让青少年了解创新的价值和保护知识产权的重要性，为他们的创新之路保驾护航。

兴趣的变与不变

张建卫教授鼓励学生从自己的兴趣点出发去研究问题。参加“中学生英才计划”的学生是刚进入高中生阶段学习的孩子，他认为要保护好他们的想法，进一步引导他们朝向科学研究及应用方面去探索。

1. 从物理现象研究到电驻极体能量采集

李泠一同学自带课题是关于蜡烛火焰燃烧的物理现象研究，进入导师课题组后研究了压电驻极体的特性。在项目开始阶段，李同学阅读了大量文献，与导师团队多次沟通和交流后，将研究聚焦在一种独特的结构——双 V 结构的压电驻极体。在张建卫教授的指导下，李同学采用准静态的方法对不同形状的双 V 压电驻极体性能进行了表征，进一步验证了其可调性。基于这一压电驻极体，又制备出了能量采集装置，能够有效地对崎岖表面上的机械能进行采集，所制备的器件能够成功为 LED 灯、液晶显示屏等低功耗器件供电，这一研究为拓宽压电驻极体在能量回收这一领域的应用场景提供了有力支持与新思路。

张建卫教授认为，从理论到实践，完整呈现课题，凸显了保护学生兴趣、引导科学分析的重要性，实现了理论与实践的深度融合，为科研创新提供了生动范例，为相关领域发展注入新活力，是“中学生英才计划”培养创新型科研人才的生动体现。

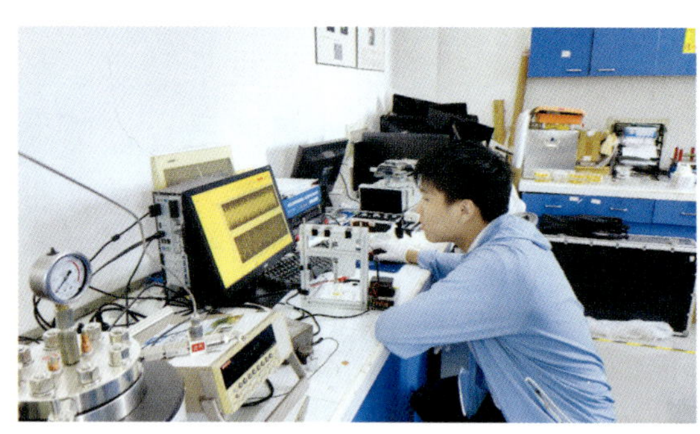

▲ 李泠一同学在同济大学物理学院实验室做双V压电驻极体实验

▲ 李泠一同学参加2024年全国“中学生英才计划”物理学科交流活动

2. 从家乡特产到仿生鱼

张修齐同学的老家在浙江省某海边城市，那里分布着很多养殖场。他经常与从事养殖的亲戚交流，逐渐了解到水下鱼群的健康状

况和生长程度。这给他提供了一个很好的创意思路：是否可以研制仿生鱼来协助鱼类养殖场工作人员对鱼群进行实时动态的观察？张修齐同学在进入张建卫教授团队后，进一步阐明他的思路和想法。在经过多次讨论、调研和尝试后，张修齐同学利用模拟仿真软件优化了仿生鱼模型，完成了从理论设计到仿真模型实验的完整课题研究。

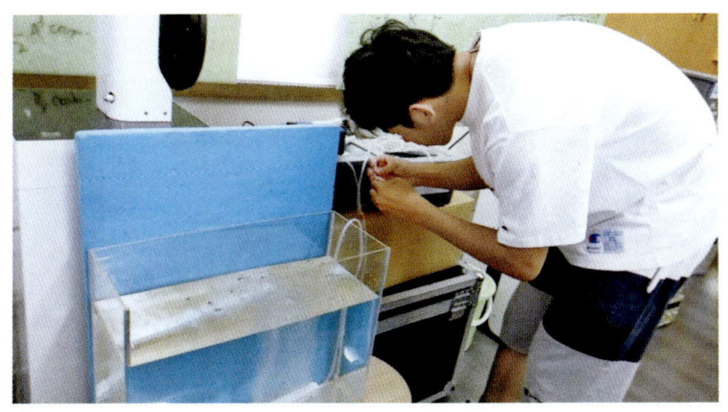

▲ 张修齐同学在同济大学物理学院实验室做仿真模型实验

张建卫教授认为，保护学生的兴趣点是学生建立自信心的基础，通过导师团队的进一步引导，可以对学生科学分析问题产生非常大的推动作用。这个过程可以实现理论设计与实验实践的有机结合。

3. 兴趣可以叠加——从机器人到智能传感

洪義凯同学初始的自带选题是《柔性感知智能全地形越障小车》。因为初中阶段接触编程和机器人，作为兴趣的延展，他高中阶段仍然选择机器人方向。在经过与张建卫教授沟通，了解了团队的科研实验室情况后，他开始把智能传感作为研究方向，以期实现人机交互式的传感设备。张建卫教授鼓励他调研文献，从材料学研究到传感器件设计，通过大量文献阅读和研究设计进一步论证可行性。洪同学利用周末和节假日在实验室进行探索，经常与导师和助教沟通，反复讨论，分析数据，最终实现了柔性阵列式压电薄膜传感器的人机交互应用研究。

张建卫教授表示，高校科研实验可以为学生的兴趣点添砖加瓦，一方面可以提升他们对新知识、新技术的认知能力，另一方面也可以

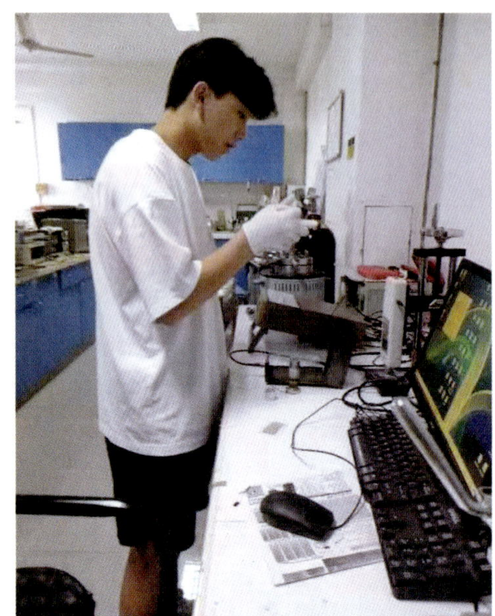
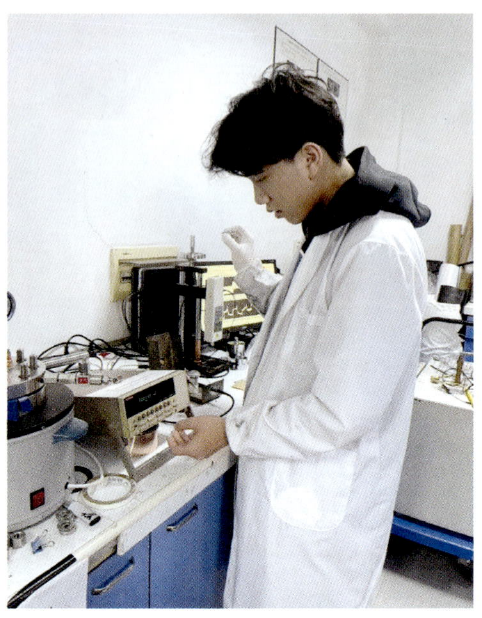

▲ 洪義凱同学在同济大学物理学院实验室做传感器实验

帮助他们更深入地体验到科学研究的魅力，这都将为他们的人生历程注入坚实的科学思维架构。

强化基础，注重实践，提升能力，激励创新

中学生的学习主要还是以书本知识为主，很多科学理论还不够深入，“中学生英才计划”平台可以对学有余力、具备科学潜质的高中生进行科学研究素养的深化培育。张建卫教授强调，中学生的科学素养需要进一步加强，除了在实验实践中可以增强之外，更重要的是还需要一个系统化的学习过程，这也能够让他们感受到科学研究的真实过程——失败、总结、尝试和再尝试。不要急于要结果，要通过观察生活和自然界，找准研究方向，确定主题。不要认为小现象不是科学问题，万物皆可研究，要保持科学研究的好奇心。同时，过程性学习记录也是有利于学生加深对科学研究的认知和理解的重要途径。

给大脑充电，启蒙少年科研梦

华东师范大学　田阳

导师简介

田阳 供职于华东师范大学，担任“中学生英才计划”化学学科的导师。现为化学与分子工程学院院长。田阳团队长期从事活体脑电信号的化学表达分析领域研究。曾获国家杰出青年科学基金，入选国家“百千万人才工程”，现为英国皇家化学会会士、中国化学会会士。主持国家重点研发项目、重大项目、重大仪器项目等。曾获国家教学成果二等奖、上海市自然科学奖一等奖、中国化学会梁树权分析化学基础研究奖等。目前担任英国皇家化学会 *ChemComm* 副主编和《高等学校化学学报》副主编。

与时俱进的教学方法，助力中学科技人才储备

不同于传统高校及科研院所科技人才的培养，中学“英才”教育具有其特殊性：一方面所设置的科研培训项目不能过度占据学生的课业学习时间，另一方面还要在有限的时间内激发学生的科研兴趣。田阳教授团队根据中学“英才”培养的特殊性，以及结合学习方式的特殊性，有的放矢地提出了线上线下混合教学的培养理念。田阳教授团队鼓励同学们线上听取学术讲座报告，参与团队线上组会活动，并大胆提出问题。与此同时，团队结合自身在活体分析传感的长期研究工作，将本科教学建设的虚拟仿真实验平台“活体细胞中关键生物分子的荧光成像虚拟仿真实验”用于中学生科研活动的训练。该项目以生命体中重要的生物小分子为研究对象，通过三维仿真技术，采用基于激光共聚焦的荧光成像方法，监测生物体中这类分子的浓度及分布变化，实现关键生物分子的高灵敏度实时在体追踪。利用虚拟仿真平台，学生可以突破操作技术、实验仪器及实验环境的限制，操作使用极为精密的仪器，并在短时间内熟悉一个相对完整的小型科学研究课题。这些特点正好适于中学“英才”培养的方式，可以让同学们根据各自课业

▲ 田阳教授和2024级学生阶段性组会后合影

情况，合理地安排模拟训练。此外，这种形象的学习方式，在提升学生实验能力、激发他们的科研热情方面提供了有益的帮助，并且为高效衔接线下的科研活动搭建了桥梁。该方式可拓展性强、资源丰富，突破了传统科研教学的模式，为中学生在大数据飞速发展的环境下，持续关注和学习科研前沿知识提出了新的学习模式，助力中学科技人才的发展。

兴趣和科研任务齐头并进，个人和团队多元学习模式

高中阶段的学生对科学研究充满了向往，如何使学生兴趣和本组科研方向高效融合，是田阳教授团队思考的另一个问题。在认真听取同学们的科研设想后，田阳教授团队经过慎重讨论，确立了学生自主课题和本组研究双线并行的方式。对于可行性高且团队平台可支撑的项目，采取优化改进的方式，支持学生开展自主课题。例如，针对韩丰播同学提出的“对变色玻璃组合模型的研究”方案，在保留自身兴趣点的基础上，将原计划的光致变色玻璃研究改进为热致变色玻璃材料的研发，提高了应用的可行性，实现了对学生科研方向的正向引导。同期，张曦恩同学则积极参与到了组内“活体脑离子测量的柔性电极”的前沿课题研

▲ 同学们进行荧光数据分析

究中，拓展了科学视野，反向促进了基础知识的学习。随之，在前期“中学生英才计划”培养的经验基础上，团队在对第二期学生的培养中加强了基础科研技术和前沿科学、理论和应用三层教育方式。针对刘承鹍、王钰婷的培养，团队分别从基础核磁技术和前沿微电极技术入手，切入到前沿探针分子设计和脑活体分析检测中，建立了“基础理论—分析技术—科研应用”逐级递进的培养体系，让学生的科研思路得到了极大的提升。田阳教授在注重培养独立思考学术问题的同时，也不断强调学术交流的重要性，在个人和团队多元的学习模式下，提升学生自身的思辨能力及沟通能力，全面提升学生科研素质。

“Chem is try”，树立正确科研三观

化学学科在高中阶段占有重要地位，是学生了解事物本质、变化规律的重要途径。随着教育改革的不断发展，学科核心素养培养已经逐渐成为教学活动的重要目标和方向。科学研究工作的开展是承载科学素养培养的重要环节，其间往往伴随着不断的挑战。遇见困难、解决困难是任何一位科研人的必修课。华东师范大学化学与分子工程学院的文化墙上就注明了“Chem is try”的标语，时时刻刻提示学生们化学研究是一个不断尝试、不断突破的过程。高中时期的学生对于科研的认知往往伴随理想化的渴望和预期，田阳教授团队一直重视学生正确科研三观的培养。在开展“英才”教育期间，秉承大胆尝试、小心求证的科学理念，不断引导学生理解科学研究是一场毅力和智慧共存的漫长挑战。田阳教授团队通过请在读研究生和老师分享科研心得的方式，积极引导学生直面科研挑战，培养学生化学学科核心素养，助力学生的综合发展。另一方面，他们建立探索式的科研培养模式，允许学生发现困难，解决困难，举一反三。例如，在指导刘钰婷同学开展微电极制备及应用分析工作时，

▲ 田阳教授与2024级学生们围绕微电极技术展开深入探讨

为了让她更清晰地学习电解池三电极体系的构筑原理及作用，团队老师建立了一套全新的试错实验培养体系。他们鼓励同学搭建电解池单元缺失体系，观察造成的实验现象，鼓励学生通过自主查阅文献、和同期学生讨论、和指导教师讨论等方式，反向思考和理解电极和电极之间的回路及作用，大大提升了学生的求知性及解决问题的能力。与此同时，在通过对实验中不完美数据，甚至是错误数据的测试中，他们不断引导和帮助同学们建立积极向上、健康乐观的科研态度，勇于探索，不断进步。

经过两届中学“英才”的培养过程，面对青春洋溢、求知若渴的同学们，田阳教授团队成员不断思考、合理突破，育人也育心。在创建线上线下双重教学的新型模式下，他们不断引导和激发学生的科研兴趣，提升同学们的科研能力。与此同时，他们时刻将思政教学融入培养的每一个环节，让热爱科研的少年人才树立正确的科研三观，为国家培养乐观积极、勇于探索、敢于挑战的科研储备力量添砖加瓦。

倾囊相授，培养新型科技英才

华东师范大学　程亚

导师简介

程亚 供职于华东师范大学，担任“中学生英才计划”物理学科的导师。中国科学院上海光学精密机械研究所研究员，国家重点研发计划项目首席科学家。从事超快非线性光学与激光微纳加工研究。发表论文 200 余篇，他引万余次。出版中英文专著 6 部，获授权美国专利 8 项、中国专利 30 余项。国际会议邀请报告 150 余次。获上海市自然科学奖一等奖、全国颠覆性技术创新大赛总决赛优胜奖等。

程亚教授围绕“中学生英才计划”的培养目标，组织团队青年骨干，指导学生开展科研工作，引导学生了解超快光学前沿科学领域，激发学生投身科研的兴趣。程亚教授至今已连续3年指导“中学生英才计划”学生，培养优秀中学生9人，其中多名学生获得国际物理竞赛奖项及“中学生英才计划”年度优秀学生。

尊重学生个人兴趣，助力培养科研能力

“中学生英才计划”学生对科研工作具有非常高的热情与好奇心，经过层层严格选拔，都非常优秀，有自己感兴趣的研究方向或课题，动手能力也非常强。程亚教授会在学生的首次见面会上，认真聆听学生对未来培养计划的想法，根据学生的兴趣方向，为其提供个性化的课题研究方案。例如，华东师范大学第二附属中学齐煜同学的课题为“基于Ce:YAG的矿场光电热分隔系统”，涉及实际矿灯问题，具有很强的实用性。齐煜同学利用假期与导师积极沟通，来学校做实验，并和导师一起解决问题，将荧光陶瓷照明技术结合

▲ 程亚教授作为华东师范大学首批“中学生英才计划”导师，参加导师聘任仪式

光电分离原理，首次对矿场的安全照明提出新的解决方案，并初步开展了工程样机的研究。齐煜同学出色的科研成果得到了“中学生英才计划”物理学科工作委员会的肯定，与全国54名物理学科学生入围终评，并获得“年度优秀学生”称号。这不仅是对学生个人努力的认可，也是程亚教授培养理念和方法有效性的有力证明。

提供线上科普资源，推介超快光学前沿资讯

程亚教授作为超快光学领域的先锋，在推进领域发展的同时，十分注重对超快光学新兴应用的科普工作，带领团队制作了一系列科普视频与课程，涵盖超快激光的原理、应用等多方面内容，多次做相关科普讲座。在“中学生英才计划”培养过程中，这些资源均向学生开放，让学生能够及时了解领域内的前沿动态。对于科普视频中的复杂概念和技术原理，程亚教授组织专人讲解，帮助学生理解超快光学的基本知识和前沿应用，拓宽学生的知识面和视野，激发他们对该领域深入探索的兴趣。

结合超快光学颠覆性技术，提供前沿课题

光学是现代高科技企业的底层技术支撑，其中超快光学是一个重要分支，相关技术近年来在工业、医药等领域有着重要应用前景。程亚教授团队深耕超快光学颠覆性技术，已自主研发了一系列超快激光微纳加工前沿技术与装备，并应用于高性能光子器件、微流控化工芯片、精密医疗器械、航空航天关键设备等领域，承担了多项国家和省部级重大项目，关系到国防安全、国民经济发展等重要战略方向。程亚教授结合团队研究方向，考虑中学生的知识水平和理解能力，筛选出合适的课题供“中学生英才计划”学生选择，例如“基于铌酸锂薄膜连续可调谐光学延时线”“芯片上的光波导”“可调

谐光学滤波器”等，让学生能够接触到前沿科研课题，了解科研的实际应用和价值，激发他们投身科研的志向抱负。同时，团队依托程亚教授创建的物理与电子科学学院极端光机电实验室科研基地，为学生提供实验操作机会，接触课题组构建的当前最为先进的超快激光加工设备与光学测试平台，让他们亲身体验一线科研工作的内容，培养实践能力和科学思维。

▲ “中学生英才计划”学生参观华东师范大学极端光机电实验室

一线科研骨干跟踪，为学生科研培训护航

程亚教授组织了一支由多名博士后、副研究员、副教授组成的年轻助教导师团队，在课题选定后，由助教导师专人对接，协助开展学生的日常培训工作。不同层次的科研骨干在知识传授、实验指导和学术引导等方面发挥各自的优势，为学生提供了丰富的学习资源和支持。以许鹤译同学为例，他在助教导师的指导下，开展基于铌酸锂薄膜连续可调谐光学延时线研究，阅读相关文献，深入学习理论知识，补齐数学工具等方面的

▲ 易玮杭同学在程亚教授团队指导下开展超快激光微纳加工实验

不足。同时，他积极参与国际物理方向竞赛，获得了英国物理奥林匹克竞赛金奖等荣誉。

总之，程亚教授通过提供个性化课题、前沿资讯和实验机会，激发了学生对超快光学等科研领域的浓厚兴趣。许多学生在培养过程中明确了自己的科研志向，立志在相关领域深入学习和研究。程亚教授培养了学生的创新思维和解决实际问题的能力，使他们能够将所学知识应用于实际科研项目中，为未来的学术发展和职业规划奠定了坚实基础。未来，通过进一步加强个性化培养、优化科普资源、加强合作交流和建立跟踪机制等措施，程亚教授有望为基础学科培养更多高素质的后备力量，推动我国科研事业的发展。

培养闪闪发光的科技英才

华东理工大学　马骧

导师简介

马骧　供职于华东理工大学，担任“中学生英才计划”化学学科的导师。2011 年和 2017 年分别在美国肯特州立大学和加利福尼亚大学伯克利分校从事博士后和访问研究。先后担任华东理工大学精细化工研究所副所长，化学与分子工程学院副院长、院长等职务。马骧教授目前主要从事基于精细化工功能染料的有机光电功能组装材料和产品工程的研究。

引导光化学兴趣，提升科学素养

光化学是一门实验科学，实践是检验知识运用的关键。马骧教授通过原理讲解、上机操作、数据采集与分析、结果讨论等环节，积极带领学生参与实验操作、体验高精尖测试表征仪器，不断提高学生的实践动手能力，增强专业知识。同时，马骧教授还采用多种教学模式，夯实学生的基础知识，培养学生的科研兴趣，激发创新思维。他让学生在把握光化学理论大方向的同时，认识科技创新的重要性。

▲ 马骧教授与课题组的学生们

潜移默化，循序渐进

教书育人是教师的初心使命。作为团队导师，马骧教授严于律己，夯实自身的学术基础知识，不断积累不同学科知识（涵盖化学、化工、物理、生物、材料、工程等学科）。在研究生培养过程中，他积极承担

科研领域的育人工作，满足学生的求知欲，夯实学生的基础知识。

在具备了扎实基础知识的情况下，马骧教授积极解答学生的科研问题。课题组除了每周进行组会讨论，马骧教授拿出很多时间与学生进行一对一或小组的讨论和教学，帮助学生把握光功能材料的大方向，引导学生自我思考、独立解决问题，帮助学生进行多学科知识体系融合。循序渐进，不断深入，强化学生对功能染料的深入理解。

科研工作作为基础研究，始终为人类实际生活服务。马骧教授把握光功能材料与生活实际相结合的方向，引领学生探索更多光功能材料的应用，在实现科研创新的同时完成应用转化，领悟光功能材料解决实际问题的重要过程和方法，将最新的研究进展分享给学生，并对研究成果中的学科交叉性进行提炼，潜移默化地将科研创新解决现实问题的思路、范式等传递给学生，让学生领悟创新的重要性和必要性。

▲ 姚思静同学在进行实验操作

作为团队的导师，马骧教授积极鼓励学生参加各类生活实践项目、国内外学术报告，教导学生要走出实验室，去更好的学术环境、更大的学术领域感受和学习。此外，马骧教授还组织了各类团队建设活动，要求学生积极锻炼身体，组织学生进行羽毛球、乒乓球、跑步等各项运动。

从“追光者”成为“发光者”

马骧教授带领团队参与的全国“中学生英才计划”活动，获得

▲ 郑翔之同学在进行实验中的称量操作

了学生的一致好评。马骧教授在与高中生的多次沟通和交流中发现，高中生不仅对课题组内的实验课题表现出极高的科研兴趣，还能够和组内老师进行较为深入的科研探讨，同时提出具有一定针对性的科研建议和看法。马骧教授鼓励高中生在一定的课题基础上自行设计科研课题，积极与指导老师进行科研探讨，留给学生足够的科研发挥空间，提高学生的科研创新能力和动手能力，帮助学生进一步发挥自己的科研能动性和提高创新能力。这是马骧教授在“中学生英才计划”的培养活动中始终贯彻的一项宗旨。

马骧教授带领的教师团队表示，功能染料在光学记录、防伪印刷、照明显示、生物成像和医学诊疗等方面的潜在应用价值巨大。在 20 世纪及以前，科学工作者主要聚焦于分子科学的研究，即研究分子结构对发光行为的影响，通过改变原子的种类或共价键的连接方式来调节化合物的发光性质。在此过程中，总会发现有些发光行为很难用分子科学的原理来解释，例如具有相同分子结构的同质多晶经常表现出完全不同的发光行为等。

进入 21 世纪，科学家开始将目光转向分子组装，研究分子之间的相互作用对其发光行为的影响。大数据时代的到来为高通量筛选新型有机发光材料带来了新的机遇，马骧教授及其团队在该领域的某些小方向上已经处于国际领先水平。新闻媒体曾这样评价他：“偕行二十载，他从‘追光者’成为‘发光者’！他是功能染料领域的‘科研新星’。”

脚踏实地，继续前行

马骧教授团队的研究聚焦功能染料产品工程和有机光电功能材料，提出了“组装诱导发光”的新机制与新策略，构建了纯有机、低成本和便于规模化制备的非晶态有机室温磷光染料和产品体系。

未来，马骧教授将带领团队深入研究可调控有机室温磷光染料库和材料，构建室温磷光可调控变化的染料和智能发光材料。他们将引领学生进一步探索可调控室温磷光的功能染料库和智能聚合物，将光功能染料与生活实际相结合，实现发光材料的科学转化，并探索染料应用于化学生物学成像、功能发光纤维和信息显示等领域。他们将推广有机室温磷光染料及相关智能光功能材料的市场应用，实现材料的低碳制造。

▲ 马骧教授与学生们进行团队活动

创新理念，培养未来科技英才

南京大学　吴楠

导师简介

吴楠 供职于南京大学计算机学院，担任“中学生英才计划”计算机学科的导师。研究方向为新型计算模型、量子计算等。主持和参与多项国家级和省部级科研与教学研究项目，担任多个学术专家委员会副主任或委员，教学和科研成果多次获奖。参与多项青少年科普工作，培养的学生多次获得全国或省级科创竞赛奖励，多人被清华大学，美国卡内基·梅隆大学、康奈尔大学等计算机专业录取。

在全球科技飞速发展的时代，培养具有卓越科研潜力和技术发明能力的中学生，不仅是教育兴国的重要环节，也是推动社会技术进步和创新发展的关键所在。中学生正处于兴趣培养和能力发展的黄金期，如何通过科学的方法激发他们的潜力并培养社会责任感，成为当前教育领域的重要课题。

个性化培养与创新实践

个性化是创新人才培养的核心基础。每名学生在兴趣、能力和潜力上都各不相同，因此教育不应千篇一律，而是要尊重个体差异，因材施教。吴楠教授以能力导向为核心，强调自主学习与跨学科探索的重要性。例如，在学生选题过程中，吴楠教授并未以自己的研究方向或课题为限制，而是鼓励学生根据兴趣自由选题，提出富有想象力甚至看起来天马行空的构想。通过后续的多次迭代和实践，这些“幻想”逐步被转化为具有实际应用价值的成果。

例如，一名学生最初提出的课题涉及“将数学题目自动解决”。这一初始构想虽然简单，但通过反复探讨和完善，最终升华为“研发一个通用数学问题求解系统”的研究目标。这样的过程不仅帮助学生明确了科研的意义，也让他们体验到创新的乐趣与价值。

实践是创新能力培养的关键。现代社会需要的不是纸上谈兵

▲ 于隽同学参与“中学生英才计划”线上培养

▲ 吴楠教授进行日常线上培养

的理论型人才，而是能够解决实际问题的综合型创新人才。因此，吴楠教授在培养中引入了“以问题为中心，以创新为驱动，以模型为导向”的理念，让学生在项目中培养发现问题、分析问题和解决问题的能力。

学生通过参与真实科研课题或社会问题的解决，不仅能够提升学术能力，还能更深入地理解理论与实践之间的关系。例如，在人工智能的课程中，吴楠教授设计了结合数学建模与算法实现的项目，让学生在解决实际问题的过程中，体会理论知识的实际意义。这种基于实践的教学模式，有助于培养学生的创新思维和复杂问题解决能力。

在培养过程中，吴楠教授注重将前沿学科内容引入基础课程，例如人工智能、量子计算和大数据分析等，使学生能够在理解理论知识的同时，掌握将其应用于实际场景的方法。通过这种方式，学生不仅能够在学术上获得提升，还能够在面对复杂社会问题时提出切实可行的解决方案，从而为未来职业发展奠定坚实基础。

多元化支持与科研项目培养

▲ “中学生英才计划”学生在南京大学进行集中学习

在选拔“中学生英才计划”学生的过程中，吴楠教授制订了科学的选拔机制，包括笔试和面试相结合的综合评估体系。笔试测试学生的基础学科知识和逻辑能力，面试则通过对话式交流评估学生的科研兴趣和创新潜力。选拔结束后，吴楠教授根据学生特点制订个性

化学习计划，涵盖学科知识、科研实践、社会服务和领导力培养等多方面内容。

在学生培养过程中，吴楠教授邀请了高校、科研机构和企业的导师参与指导，形成多学科、多视角的导师团队。通过这种模式，学生能够从不同领域获取知识和经验，拓宽思维边界。例如，在量子计算项目中，学生能够从理论物理学家那里学习基本原理，同时从工程师处了解实现路径。这种多元支持大大提升了学生的综合能力和跨学科思维。

吴楠教授将学生的研究兴趣与社会实践紧密结合。例如，一名学生在研究聋哑人手语翻译系统时，将项目成果应用于社区服务，不仅获得了科研成果上的成就感，也感受到科技为社会服务的价值。这种方法培养了学生的社会责任感，使他们意识到学术研究的最终目标是服务于社会。

在培养过程中，吴楠教授采取定期面谈的方式为学生提供反馈。每两周进行一次一对一交流，内容包括学习进展、研究难点和心理状态等。通过不断调整学习计划，吴楠教授帮助学生及时发现问题并解决问题，培养其自我反思与管理能力。

培养案例与成果

经过多年的努力，吴楠教授的培养取得了显著成果。多名学生在国家级和省级科技竞赛中获得优异成绩，部分学生在国际学术会议上发表了论文。

朱鹏飞同学以“研发高中平面几何题目自动证明器”为主题，通过多次实验和调整，最终完成了从理论到实际应用的转化工作，并在省级科技创新大赛中获奖。他后来被清华大学“姚班”录取。

夏凡越同学在人工智能情感分析项目中，通过结合心理学知识，

▲ 朱鹏飞同学的媒体报道和参加的活动

开发了基于图像的情感分析系统，不仅获得国家级奖项，还受邀到企业实习，后被美国卡内基·梅隆大学录取。

李昊桓同学研究并开发了一套手语翻译系统，为聋哑人群体提供便利，该成果受到社会广泛关注。该同学后被美国康奈尔大学录取。

这些案例充分说明，注重个性化培养、创新实践和学术应用结合的教育模式不仅能够提高学生的科研能力，还能使他们在社会中发挥更大的作用。

体会与总结

通过多年实践，吴楠教授深刻体会到以下几点。

第一，兴趣驱动是关键。兴趣是学生探索未知的最大动力，培养中需激发他们的好奇心和热情。

第二，跨学科融合是趋势。现代科研往往涉及多个学科交叉，通过引入不同领域的导师和资源，可以拓宽学生的视野。

▲ “中学生英才计划”学生在南京大学进行集中学习留影

第三，团队合作与反思能力是必要素质。科研中，团队协作和自我反思尤为重要，应通过项目实践进行培养。

未来，吴楠教授计划通过以下途径进一步提升培养效果。

第一，加强国际交流。与国际高校和科研机构合作，帮助学生参与国际项目，拓展其全球视野。

第二，引入心理支持体系。与心理辅导教师合作，帮助学生平衡科研压力与心理健康。

第三，推动创新创业教育。鼓励学生将科研成果转化为实际应用，提升创新价值。

第四，强调学术诚信。培养学生严谨的科学态度和诚信意识。

通过以上方法，吴楠教授希望帮助更多学生成为兼具国际视野、创新能力和社会责任感的未来科技英才。

总的来说，培养拔尖创新人才是一项复杂而具有挑战性的工作，需要综合运用个性化培养、实践锻炼、多学科融合等多种方法。在“中学生英才计划”的培养实践中，吴楠教授注重学生的个性化发展、创新能力的培养、学术与应用的结合，力求帮助学生在学术上取得优异成绩的同时，也能够具备良好的社会责任感和实践能力。

未来，吴楠教授将继续根据学生的需求和社会的发展，不断调整和改进培养方案，以适应新时代对创新人才的要求。他坚信，通过科学的培养方法和持续的改进，一定能够培养出更多具备国际视野、创新思维和社会责任感的未来科技英才。

编织信息未来，激发中学生创新潜力

东南大学　张川

导师简介

张川 供职于东南大学信息科学与工程学院，担任“中学生英才计划”计算机学科的导师。国家实验室项目课题、国家重点研发计划专项课题负责人，国家自然科学基金重点项目及优秀青年科学基金项目负责人。曾获“江苏青年五四奖章”、江苏省自然科学基金“杰出青年基金”“优秀青年基金”等。主要从事 5G/6G 基带芯片重大战略需求研究，培养了一支有强大战斗力的基带芯片青年团队。

信息浪潮，渴求“英才”

信息技术是新一代科技和产业革命的引擎，是我国实现“两个一百年”奋斗目标的重要支撑，同时也正面临着日趋激烈和严峻的国际竞争。信息领域高端人才紧缺已成为我国信息技术发展的巨大障碍和挑战。持续培养出大批高端人才，是我们在信息技术领域实现超越和引领的根本保证。与建设科技强国的要求相比，当前我国科技创新后备人才培养规模亟须扩大、质量亟待提升、机制亟待创新。青少年科技创新人才培养作为承载教育、科技、人才工作的基础性工程，直接影响到国家综合实力的提升，影响着强国建设和民族复兴。为了进一步推进青少年科技后备人才的培养工作，教育部和中国科学技术协会在全国部分重点高校、科研机构开展“中学生英才计划”。

尊重个性，鼓励探索

在“中学生英才计划”的培养过程中，导师与学生交流时能够发现，每名学生都是独一无二的个体，他们有不同的兴趣方向、不同的科创经历。身为科创导师，要根据每名学生的特性，挖掘学生身上的优势，因材施教，帮助他们了解更多科学知识，掌握科学方法，促使其成为具有科学家潜质的青少年群体。参与“中学生英才计划”的学生往往具有优异的学习成绩，并具有一定的学科特长和创新潜质，如何将学生身上的潜质最大限度地挖掘出来，是每一名科创导师都要关注的重点工作。一个合适的教育方式可确保每名学生都能各得其所，提供符合个性化的教育给学生，激发每名学生的发展潜力。而个性化的教育方式要求导师与学生要经常交流，无论是线上还是线下面对面交流，只有和学生多接触，沟通到位，才能充分了解学生的性格、兴趣点、科创经历，更好地为学生的研究课题做指导。

▲ 张川老师向学生做报告

中学生参与科创课题研究，导师首先要跟学生明确是否能够在较大升学压力中保障参与科创课题的时间，让学生认识到“中学生英才计划”的参与需要自己投入一定的时间和精力，要在这一年的培养计划周期中做好在课余时间进行课题研究的准备，杜绝学生进入培养计划后出现失联的现象。同时，中学生选择的研究课题也不能太过高深，中学生暂时没有能力去完成高校的技术研究内容。导师要鼓励学生从身边存在的问题入手，先自主探索合适的感兴趣的课题方向，让学生经历“提出问题—分析问题—解决问题”的过程，鼓励学生自行查阅相关文献，做自己课题研究的主要负责人。摆脱传统的单向传授知识的教育方式，减少纯粹知识点的传授，从单方面的知识输入转变为探索式、互动式的学习，学生思考后仍不能解决的问题，导师再给予帮助，可以有效提高学生的思维能力和创新能力。

总体来说，中学生课题研究重在科研过程中活学活用知识，这也是为了引导学生在课题与生活的结合中产生科学研究与实践的热情。此外，作为计算机学科的导师，也要向对本学科感兴趣的中学生讲述当前信息技术发展的现状及难点，向学生解释何为真正的科研工作。教育学生科教兴国的重要性，鼓励有理想、有抱负的中学生未来投入科研事业中，这将帮助学生树立正确的世界观、人生观和价值观，培养他们的创新精神和实践能力，还能播撒科学种子，激发青少年的好奇心和想象力，培养具备科学家潜质、愿意投身科学研究事业的青少年群体。

育才树人，心有所感

在中学生人才培养计划中，导师做到了定期与学生交流进度，解答学生遇到的问题，带领学生参观紫金山实验室并让他们感受科研环境，开展中学生信息技术研究教育专题讲座，按照培养标准对学生中期答辩、结题进行考核。学生最终也在导师的指导下，凭借自身的努力完成了培养计划，并且在培养计划结束后继续保持对科研的浓厚兴趣，继续参加科技竞赛、高校科技营活动，有的学生进入了优秀的大学开启系统理论知识的学习，为成为一名专业的科研工作者不懈努力。毕同学就在参加完培养计划后体会到科学研究工作的重大意义，在之后的几年中不断努力，陆续获得“第七届全国青少年科普创新实验暨作品大赛”一等奖、“第 32 届江苏省青少年科技创新大赛”一等奖等，并且参加了剑桥的暑期学校和欧盟青年科学家论坛活动，拿到了中国香港的政府奖学金。

张川教授作为计算机学科的导师带领来自南京、无锡及连云港的中学生开展课题研究。他同时也担任南京市青年联合会委员、南京杰出青年协会会员、江宁区青年联合会副主席等社会职务，挖掘培养真正的青少年科技人才，积极投身青年人才教育工作，为解决我国创新人才培养问题做贡献。

▲ 张映雪同学参加报告会

指导学生进行科创课题研究不是一味地传授高深的技术，更重要的是培养学

生的创新思维。我们要鼓励青少年敢于质疑、敢于挑战、敢于突破。在面对问题时，学生不要满足于现成的答案，而要勇于探索新的解决方案。这种创新思维的培养，不仅有助于他们在科技领域取得更大的成就，更能让他们在未来的生活和工作中，以更加开放和包容的心态去面对各种挑战和机遇。做青少年科创导师不仅有助于锻炼中学生的能力，更是对未来社会发展的投资。导师通过与新一代青少年接触，可以了解当前时代的青少年人才发展情况，响应人才培养政策，为高效储备我国科技创新后备人才付出行动，从个人角度为夯实科技强国建设的人才培养而奋斗。

▲ 沈熙晨同学参加2024年全国“走进计算机世界”冬令营

理论实践携手，助力全面发展

福州大学　宋秋玲

宋秋玲 供职于福州大学化学学院，担任“中学生英才计划”化学学科的导师。主要从事有机硼化学、有机氟化学、自由基化学方面的研究，目前已在*Acc. Chem. Res*、*Nat. Chem*、*Nat. Synth*、*J. Am. Chem. Soc*、*Angew. Chem. Int. Ed* 等学术期刊发表论文 200 余篇。曾荣获福建青年五四奖章、中国侨界贡献奖、ACP Lectureship Awards、Thieme Chemistry Journal Awards、“药明康德生命化学研究奖”等奖项。目前担任 *Green Synthesis and Catalysis* 的副主编，担任《中国化学快报》、*Organic Letters* 等期刊编委。

规划培养方案，促进全面发展

宋秋玲教授团队始终专注于有机合成方法学的深入研究，涵盖有机硼化学、有机氟化学、自由基化学及不对称合成等多个领域，归属于基础研究范畴。该学科作为典型的实验性学科，既要求具备一定的理论知识储备，又强调相应的动手实践能力。基于这一显著特点，宋秋玲教授团队精心构建了一套理论知识与实践操作紧密结合的培养模式。在学生参与“中学生英才计划”期间，他们不仅能够扩充理论知识储备，还能深切了解开展科研活动所需的专业技能、创新意识及吃苦耐劳的精神。如此一来，每一名学生既能在知识层面得到极大丰富，又能在磨炼心性的过程中实现全面发展。

以兴趣为引，在实践中培养科研素质

兴趣是最好的老师，宋秋玲教授团队始终秉持从学生的兴趣点出发的理念，全力激发学生的好奇心与求知欲。团队引领学生自主操作一些较为简单的化学实验，如银镜反应、皂化反应等，使学生通过观察实验现象，直观地感受化学科学的独特魅力。同时，团队将学科知识巧妙融入其中，循序渐进地引导学生对基础知识展开学习。团队鼓励学生借助网络课程进行基础知识的自学，自学后由老师进行答疑，以深化学生的基础知识掌握程度。团队通过让学生参与已有的科研活动，逐步提升学生的科研技能。此外，团队引导学生阅读学科相关文献，参加学术报告、学术论坛等活动，使学生能够了解学科前沿的热点话题。

鼓励自主科研，从失败中总结经验

在培养过程中，宋秋玲教授团队充分调动学生的主动性。结合

▲ 宋秋玲教授主持讨论研究进展

宋秋玲教授的实验室研究方向，学生在自主调研并阅读相关文献后，积极与导师团队探讨实验的可行性，进而确定实验思路。以学生陈垚睿为例，该生在实验室经过一段时间的科研技能训练，具备了一定的科研动手能力后，主动向导师团队反馈，希望能够独立自主地开展一项研究活动。导师团队对该学生的想法给予了充分肯定，并全力支持。该学生经过文献调研，拟定了“四配位硼有机小分子的发光性质研究”这一课题。导师团队认为，该课题紧密结合本课题组的研究方向，且与当前热点充分融合，具有极高的研究价值。在实验部分，四配位硼化合物的合成具有一定难度；在性能测试方面，官能团对光学性质的影响存在很大不确定性，需要进行大量实验去合成带有不同性质官能团的化合物。在该课题的确定过程中，宋秋玲教授充分调动了学生的自主性，也标志着对学生科研兴趣培养的成功。

在课题研究的进程中，宋秋玲教授安排了一名实验能力出众的博士研究生担任助教，对学生进行专业设备和专业软件的培训。然而，实验并非一帆风顺。陈垚睿同学在经历实验失败后，总结经验，提出新的合成路线，并通过文献调研该合成路线的可行性，最终成功合成四配位硼化合物。随后，他对合成路线进行优化，合成一系列四配位硼化合物。接着，他对该类化合物进行发光性质的探索，通过学习相关仪器，测定其光学性质。他从初步探索的结果中总结相关规律，再通过合成相关四配位硼化合物并测定其光学性质，对已有规律进行验证。这一过程让该学生切身体验一线科研过程，使该学生明白成功的背后是无数次失败的尝试，从而锻炼该学生吃苦耐劳的精神。

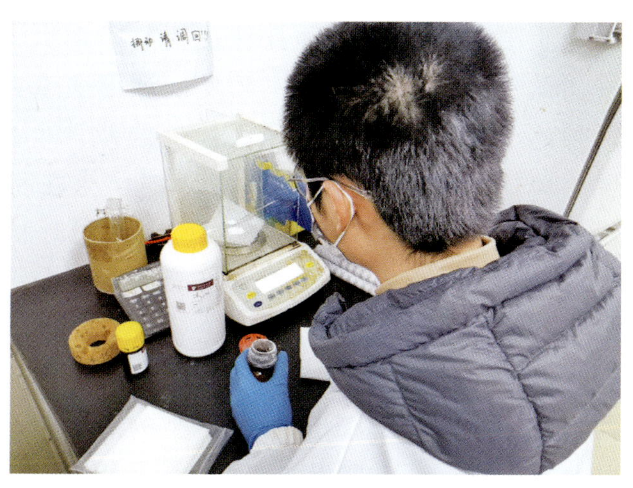

▲ 陈垚睿同学在做称量操作实验

▲ 俞樾同学在做无氧操作实验

注重心理关怀，助力全面发展

在培养过程中，宋秋玲教授团队深刻认识到，由于被培养人员是未成年人，不能仅局限于对其进行专业知识和专业技能的培养，更为重要的是在心理和精神层面给予照顾与培养。为此，宋秋玲教授团队为学生介绍实验室已发表课题文章的全部实验历程，让学生深切感受科研探索的非凡之处；借助学生自己的一线科研经历，使学生体悟科研道路的坎坷崎岖。当学生在科研中遭遇困难与瓶颈时，宋秋玲教授团队鼓励学生迎难而上，同时积极与学生共同探讨问题、解决问题，在此过程中着力培养学生坚韧不拔的品质。鉴于该学科属于实验性学科，要得到结论需进行大量实验，宋秋玲教授团队激励学生进行持之以恒的科研实验，以此培养学生吃苦耐劳的精神。同时，导师团队也高度重视学生的日常心理状况，积极主动地了解学生的日常学习和生活情况，给予相关学习经验的指导，助力学生更好地成长。

初见成效，持续探索创新培养方案

在2024年的“中学生英才计划”中，两名同学在这种培养模式下收获颇丰。他们在计划期间，持之以恒地完成科研训练，并且能够独立自主地完成科研课题，取得了令人满意的成果。以陈垚睿同学为例，在确定课题后，他以高昂的热情投入实验中，利用周末的课余时间完成相关科研任务。在此过程中，他系统性地了解了硼化学的相关研究进展，掌握了手套箱的操作、无水无氧操作、打核磁及对核磁谱图进行解析等实验技能。他能够独立思考问题，独立自主地完成中期报告和课题研究报告。这极大地提升了该同学对化学基础学科的兴趣，也增加了他未来深入学习有机化学的信心。

受实际教学情况的影响，学生在理论知识学习方面进行自主学习时，进度确实较难把握。紧张的课余时间使得学生进入高校实验室进行科研任务训练的时间受到极大限制。对于任务繁重的基础学科而言，需要大量时间进行科研训练和培训，而目前的情况对科研课题的推进产生了阻滞影响。

不过，宋秋玲教授团队将持续探索并创新新型培养方案，以进一步让学生了解有机化学，了解科研。团队鼓励和支持学生提出问题、善于思考，并帮助学生解决问题，力求让每一名学生都能得到全面的发展。未来，宋秋玲教授团队考虑更加灵活地安排理论知识学习的进度，例如通过线上学习平台和定期考核相结合的方式，确保学生在自主学习的同时能够跟上教学进度。同时，团队可以与学校沟通协调，争取为学生提供更多进入实验室的时间，或者利用假期组织集中的科研训练活动。此外，团队还可以加强与学生的沟通交流，及时了解他们的学习和科研进展，以便更好地调整培养方案。通过这些努力，相信能够为学生创造更好的学习和科研环境，促进他们的全面成长。

▲ 宋秋玲教授与“中学生英才计划”学生合影

以兴趣启航，遨游科研之海

福州大学　程红举

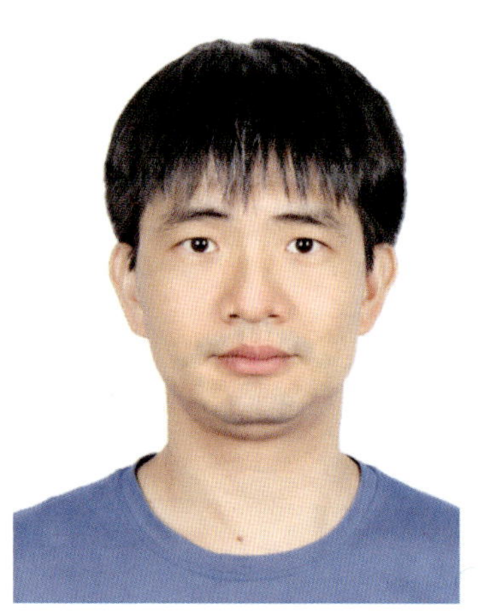

程红举 供职于福州大学，担任“中学生英才计划”计算机学科的导师。研究方向包括边缘计算、多模态、数字孪生、区块链，已在 *IEEE Transactions on Affective Computing*、*IEEE Internet of Things Journal* 等国际主流期刊发表多篇高水平论文。主持国家自然基金面上项目、福建省自然基金面上项目和福建省教育厅项目 10 余项。

兴趣是学生最好的老师

2024年“中学生英才计划”严格仔细地选拔了一批品学兼优的优秀中学生进入高校，参加科研与学术活动。程红举教授为同学们介绍当前计算机领域的主流方向与研究热点，同时结合实验室的研究方向与成果，向学生们讲解利用计算机能够做什么，怎样去做。

▲ 程红举教授为杨凯伦（左1）、庄伟锋（左2）同学介绍学术活动

计算机技术发展日新月异，近年来十分火热的AlphaGo、ChatGPT与自动驾驶等与人工智能紧密联系，甚至诺贝尔物理学奖的获得者也将人工智能技术与物理学相结合。通过一番阐述，学生们加深了对计算机领域的探索兴趣，更想通过老师的指导和自己的努力，去学习一些专业性知识与培养动手实践能力。

理论讲解与动手实践相辅相成

在智能游戏、机器人控制与自动驾驶等领域，很多方法的本质是利用强化学习这一种强大的机器学习算法进行研究，通过智能体与环境的交互来学习如何做出最优决策。其核心思想是通过不断的试错与探索，学习如何在不同状态下执行最佳的决策，以最大化长期的累积奖励。多次打败世界围棋冠军的AlphaGo、百度Apollo项目中的自动驾驶汽车和谷歌 Robotics 项目的无人机都是通过强化学习进行不断训练的成果。而且，强化学习也广泛应用于游戏 AI 智能体中，实现了人机对弈模式。因此，程红举教授选择强化学习作为本次“中学生英才计划”培养的课题方向。

1. 为学生打开人工智能的大门

鉴于强化学习算法属于研究生层次的课题，而其中大部分数学知识属于大学生课程内容，因此如何通俗易懂地向高中生讲解是需要认真考虑的问题。程红举教授以马里奥探险游戏作为切入点，将马里奥这一角色视为智能体，把游戏环境的状态、智能体的动作及奖励与强化学习中的专业术语相结合，为学生讲述强化学习算法是如何训练智能体，以最大化奖励为目标来完成游戏。同时，他利用智能体的行为动作和环境状态的转移，来实例化当中的数学知识。以游戏为开端，符合学生的兴趣，使晦涩的数学知识不再那么枯燥无味。课后，程红

▲ 程红举教授为庄伟锋同学讲解强化学习算法

▲ 程红举教授与庄伟锋同学交流算法设计

举教授提醒学生及时复习所学知识，有不懂的地方及时提问，共同求解，还推荐了一些Python与人工智能的书籍给他们学习。

2. 培养学生动手实践与解决问题的能力

有了理论知识的基础，便能够进一步进行科学研究，即动作编写强化学习的算法实现。程红举教授向学生们介绍了OpenAI、Stable Baseline3等可以进行强化学习算法测试的平台，这些平台拥有许多提供训练和测试的游戏环境，比如控制登月器降落、杠杆平衡等。在首次实验中，程红举教授选择了登月器降落这一环境来编写和测试强化学习算法。

由于学生们对基础知识的理解较为深刻，因此代码的实现过程也较为迅速，算法中的很多理论在代码中得以体现，进一步加深了他们对强化学习的认识。虽然过程中代码也经常出现错误，但是学生们都能通过分析问题的原因，在网络上搜索有用的信息进行求解，这也一定程度上提升了他们的代码能力，就如同强化学习一样，通过与环境的互动，不断地试错，以达到提升自我的效果。最终，他们在登月器降落这一环境下完成了3次实验，每次实验都是前一次的改进，包括增加训练次数和改变神经网络的结构，最终的效果比起第一次实验有了非常大的提升，登月器从不断坠毁到每次都能平稳着陆，学生们对实验结果感到欣喜，这也更加激发了他们对科学研究的兴趣。

▲ 杨凯伦（左1）、庄伟锋（左2）同学编写游戏智能体

在第二次实验中，程红举教授选择了“星际争霸2”这

一游戏平台来进行编写和测试深度强化学习算法，这是暴雪娱乐游戏公司开源的游戏环境，许多专家学者通过此平台测试自己研究的算法的有效性。然而，这次的游戏环境更加复杂，代码的编写难度也进一步提升。但有了第一次实验的经历，学生们更多的是以乐观与探索的心态去进行实验。在具体过程中，平台已经提供好了测试环境，学生们需要做的是编写强化学习算法、实现算法与环境之间的接口及最终的算法调参。这个过程中，学生们遇到了一个数据类型方面的故障，很久都没有解决，但是他们没有放弃，积极主动地在 Github、CSDN 等开发者网站上进行了查询，最终他们靠自己的坚持与努力解决了困难，完成了最后的实验。

感悟与总结

培养高中生与教育大学生十分不同，比如在教学心态与教学内容等方面，这不仅是一个知识输出的阶段，还是一个相互促进的过程。希望“英才”学生们通过此次的经历，为将来的科学研究打下一定的基础，多去了解新兴的、有用的事物，通过从 1 到无穷的学习，实现从 0 到 1 的创造。

“中学生英才计划”具有十分重要的教育意义，不仅为社会提前培养了一批拥有创新能力和较高科研素养的人才，创造了高校与中学顺利衔接的新模式，而且为青少年科技创新人才不断涌现和成长营造了良好的社会氛围和学术氛围。程红举教授希望“中学生英才计划”能够进一步结合各界的努力，发挥出更强的教育力量。

重教育之风，育文化沃土

武汉大学　常胜

导师简介

常胜 供职于武汉大学物理科学与技术学院，担任“中学生英才计划”物理学科的导师。珞珈青年学者，IEEE 高级会员。长期从事半导体物理、微电子器件和集成电路的理论及应用研究工作，近年来致力于人工智能与半导体物理融合的探究，在半导体器件机理、微电子设计自动化、人工智能电路设计应用等方面取得了一系列成果。指导学生多次在全国大学生集成电路创新创业大赛、中国研究生电子设计竞赛、中国研究生创“芯”大赛等专业竞赛中获得全国一、二、三等奖。

以学生发展为中心

常胜教授深知，教育的核心在于学生。他始终坚信“因材施教”和“培养自主学习能力”是教育的基础。在他看来，每名学生都是独特的个体，拥有不同的优势与潜力。作为导师，最重要的任务就是发现并引导学生的兴趣，帮助他们成长发展。

常胜教授常说:“教育的目的不仅是传授知识，更是培养思维能力和解决问题的能力。”为实现这一目标，他在教学中注重激发学生的好奇心和探索精神，鼓励他们主动思考和积极参与讨论。这样的理念不仅提升了学生的学习效果，也增强了他们的综合素质。

实践与关怀并重

1. 个性化指导：量身定制的教育体验

常胜教授在教学过程中，始终关注每名学生的个体差异。他会定期与学生进行一对一交流，详细了解他们的学习进展和遇到的困难，并给予针对性的建议和支持。这种个性化指导，使学生感受到被重视，从而增强他们的学习动力。

例如，学生戴资峰面试时常胜教授发现他具有较好的电子电路基础，便考虑安排电子系统实践方面的培养计划。通过在培养中和戴同学交流，了解到他想进一步探索前沿应用技术的想法，便将培养方案调整为量子算法的学习和探究，为其未来的发展提供了更多的可能。

2. 理论与实践的深度结合

常胜教授坚信，知识的学习不仅局限于课堂，实践才是检验真理的唯一标准。在课堂上，他常常引入实际案例，鼓励学生参与实验和项目实践。通过亲身体验，学生不仅能更好地理解理论知识，还能提高解决实际问题的能力。

在“中学生英才计划”的学生培养中，他要求每一名学生除了阅读书籍和文献外，还要参与到实际科学问题的研究中。例如，学生张丁洋的研究方向是人工智能在微电子问题中的应用。张同学除了学习人工智能、半导体物理等基础知识外，还采用神经网络算法预测了半导体材料的能带结构，建立对科学研究的直观认识。

3. 培养创新意识：鼓励大胆探索

常胜教授特别注重培养学生的创新意识，鼓励学生大胆提出自己的想法，进行思维碰撞。他常常引用“科学探索的乐趣在于发现未知”的理念，激励学生勇于探索，敢于创新。

2024 年“中学生英才计划”学生姚越崴在培养过程中，对热力学产生了浓厚的兴趣。常胜教授鼓励姚同学大胆探索，并邀请武汉大学物理学国家级实验教学示范中心的王晓峰副主任，共同指导姚同学设计并完成了一种基于 PASCO 传感器的热力学多方过程研究，取得了优秀的实验效果。

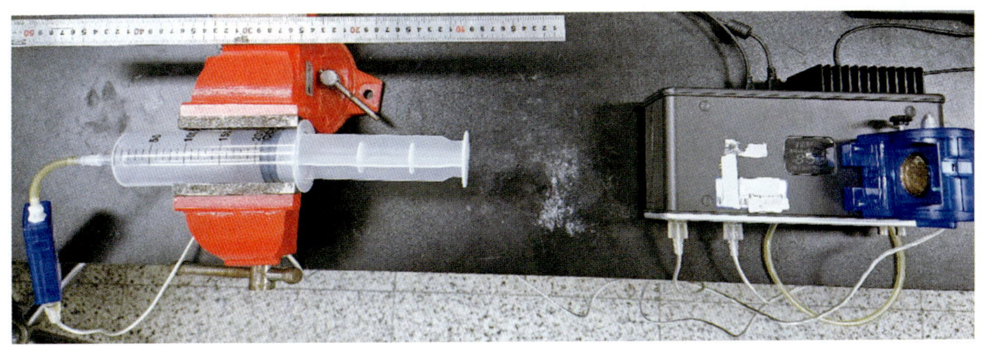

▲ 基于PASCO传感器的热力学多方过程研究方法

学生的成长与蜕变

常胜教授的培养方法取得了显著的成效，同学们在他的指导下，开拓了学术视野，提升了实践能力。不少“英才”学生在创新人才成长的道路上稳步前行。

2018 年，学生徐尔骐通过“中学生英才计划”的培养，对物理学科产生了浓厚的兴趣，后来考入武汉大学，成为物理学专业本科生。基于“中学生英才计划”培养的学术视野和创新能力，该同学很快适应了大学学习，积极参加科学研究，本科期间发表 SCI 论文 2 篇；参与国家级大学生创新创业寻理计划、中国科学院大学生创新实践训练计划；获评雷军奖学金、国家奖学金……目前该同学已被推免至北京大学继续攻读研究生。

2018 年，学生雷明骞通过“中学生英才计划”的培养，提升了研究探索能力。作为湖北省唯一代表参加 2018 年物理英才论坛，与物理学科院士、专家和全国优秀英才学子交流了自己在“中学生英才计划”中的项目“走进石墨烯纳米带电子输运特性研究之门”，受到了一致的好评。

▲ 雷明骞同学介绍自己的项目

2021 年，学生徐翊凯通过“中学生英才计划”的培养，加深了对物理学的理解，建立了科学的思维模式，在 2022 年全国中学生物理竞赛决赛中获得金牌，进入清华大学“攀登计划”学习。

教育的责任与使命

▲ 常胜教授在指导徐翊凯同学

作为一名教育工作者，常胜教授深知教育的责任与使命。在多年的工作中，他发现良好的师生关系是促进学生成长的重要因素。他通过倾听与关怀，建立了与学生的信任关系，使学生在面对困难时能够毫无顾虑地寻求帮助。

通过与学生的沟通，常胜教授意识到，许多学生在学业压力下容易感到焦虑和迷茫。因此，他不仅关注学生的学业成绩，也重视他们的心理健康，努力为学生提供一个积极向上的学习环境。

教育是一条不断学习与成长的道路。在与学生的互动中，常胜教授不断反思自己的教学方法，寻求更有效的教育方式。他常常说："教育是双向的，我在教书的同时，也在学习。"

为教育事业献策

基于多年的人才培养经验，常胜教授提出以下建议，以期在学生培养过程中取得更好的效果。

1. 进一步加强大中教育衔接

大学教育关注学生的创造力和综合能力的培养，中学教育目前更多聚焦于基础知识学习和解题能力培养，二者之间的差异使得学生在成长过程中的转型存在一定困难。加强大中教育衔接，通过“中学生英才计划”、共建实验室、讲座报告、实验参观等多种方式培养学生的科学志趣，为创新人才培养打下良好基础。

2. 鼓励创新与实践

教师应鼓励学生大胆探索，勇于尝试新的学习方式和科研方向。在人才培养中，应多设立实践环节，让学生在真实环境中应用所学知识。通过实践活动，激发学生的创造力和动手能力，使他们在实际操作中得到锻炼和提升。

3. 关注多元化发展

随着社会的发展，学生的个性化需求日益突出。教育应关注学生的多元化发展，鼓励他们在不同领域中探索自己的兴趣和潜力。学生不能只把关注点放在解题上，更应在课外拓展自己的能力和视野。他们的各种爱好也应受到相应的支持与助力，为未来人生的发展提供更多的可能。

通过独特的教育理念和丰富的实践经验，常胜教授成为学生成长道路上的重要引导者，为人才培养树立了良好的榜样。未来，他将继续在教育的道路上前行，培养更多优秀学子，为社会的发展贡献力量。他的教育之路，既是对学生的承诺，也是对教育事业的执着追求。

通过众多优秀老师的不断努力和探索，我们有理由相信，未来的教育将更加美好，学生们也将在这样的环境中茁壮成长，成为社会的栋梁。

知行并进，铸科研英才

西北农林科技大学　陈坤明

导师简介

陈坤明 供职于西北农林科技大学生命科学学院，担任“中学生英才计划”生物学科的导师。作物抗逆与高效生产全国重点实验室“作物抗逆细胞分子机制”团队PI。兼任第13届中国细胞生物学会常务理事，第5届陕西省细胞生物学会副理事长、植物细胞生物学专业委员会主任委员，第5届中国农业转基因生物安全委员会委员，入选2011年教育部“新世纪优秀人才”。主要从事作物与环境互作的细胞分子机制及基因编辑与合成生物学等方面的研究工作，累计发表学术论文90余篇，主编教材1部。

秉持“知行德三修”理念，全面塑造科研人才

▲ 柳乐同学和侯婉婷同学与陈坤明教授线下交流

陈坤明教授始终秉持“知行德三修”的培养理念，通过知识学习、实践操作和道德修养的全面培养，指导学生开展科研，全面塑造未来科研人才。

“知”指知识的积累与应用。陈坤明教授深知，只有牢固掌握基础知识，才能取得科研突破。从培养“中学生英才计划”学生开始，先进行理论学习，确保学生理解生物学基本原理后，再逐步进入实践环节。这种理论先行的模式，提升了学生在实验中的理解力和自信心。

“行”指实践与创新并重。陈坤明教授注重将理论和实践相结合，指导学生从基础实验技能入手，如培养基配置、RNA提取等，通过阶段性总结和小组讨论逐步提升能力。他特别鼓励学生进行批判性思考，探索解决实际科研问题的方法。通过这种模式，学生能从容应对实验挑战，养成创新意识和实践精神。

“德”指科研道德与责任感。科研不仅是技术，更是对科学真理的追求。陈坤明教授言传身教，要求学生在实验中保持严谨态度，恪守科研伦理，杜绝任何篡改伪造的行为。他强调，科研人员必须具备高度责任感和诚信精神，这不仅是科研的灵魂，也是学生人生发展的基石。

量身定制计划，激发科研潜能

陈坤明教授在多年的“中学生英才计划”工作中，积累了丰富的经验，对如何有效培养学生的科研兴趣和能力有了更深刻的认识。

▲ 李嘉杨同学（左）、刘子岚同学（中）和申雨彤同学（右）实验室留影

第一，为每名学生量身定制学习计划。每名学生在进入实验室前，陈坤明教授都会通过交流和观察，激发学生的兴趣和潜力。以“中学生英才计划”的3名学生为例，在计划开始时，陈坤明教授首先向学生详细介绍目前“中学生英才计划”所提供的两种结业模式（项目导向型和兴趣导向型）的特点和优劣势，让学生根据自身情况和对实验室的了解进行选择，然后根据学生意向为每名学生制订了个性化的学习计划。这种基于兴趣和各人特点的因材施教的方式，有效地激发了学生的学习兴趣和科研潜能。

▲ 刘子岚同学做电泳实验

▲ 2024年“中学生英才计划”师生见面会

第二，强调实验室安全与科研伦理。陈坤明教授深知实验室安全的重要性，将安全教育放在日常科研活动的首位。在选定课题并对学生开放所有实验设施前，选择将实验室安全教育作为第一课。此外，陈教授还会定期组织安全知识及科研伦理问题讲座，使学生从刚接触科研开始就注重操作规范和科研伦理问题。

第三，开阔视野，注重团队协作。陈坤明教授非常注重鼓励“中学生英才计划”的学生关注学术最新动态，鼓励学生参加实验室组会、研究生答辩等活动，让学生在中学阶段就近距离体验科学研究的方方面面。除了实验室训练外，陈坤明教授还组织学生参观博览园、参加野外实践活动、观看科普讲座等，开阔学生眼界，提升他们对科研前沿的理解和感悟。陈坤明教授还强调团队合作的重要性，使学生能够逐渐成长为既具备专业素养，又懂得团队合作的科研人才。

优化时间管理，促进新老互动

经过多年的探索与实践，陈坤明教授对如何进一步提高“中学生英才计划”学生培养质量，提出了具体建议，以期更好地帮助学生成长。

1. 采用时间块管理法，提高时间利用效率

针对高中生学业压力大、实验时间有限的问题，陈坤明教授建议采用时间块管理法，每天划定固定时段专注科研任务。同时，通过设定短期和长期目标，使学生更高效地兼顾科研与学习。

2. 加强新老学生交流，促进新老互动

推荐新学生加入优秀往届学生的交流环节。新学生与优秀往届学生建立联系后，可定期开展线上或线下交流会，分享经验与资源。对优秀案例的成功要素学以致用，帮助新学生提升学习成果。

创科教一体化，育青年英才

重庆大学　王煜

王煜供职于重庆大学化学化工学院，担任“中学生英才计划”化学学科的导师。在表界面化学领域深耕多年，主要从事能源和环境催化研究，发表第一单位通讯或第一作者科研论文 190 余篇，其中 160 余篇论文属于自然指数或一区期刊，他引超过 16000 次。主持国家自然科学基金重点和面上项目多项；获得专利多项，部分成果实现产业转化。荣获重庆市首届青年科技奖、重庆市产学研一等奖、“中学生英才计划”10 周年优秀指导教师等奖励或荣誉称号。

王煜教授连续8年担任国家“中学生英才计划”指导教师暨重庆市“青少年创新人才培养雏鹰计划”指导教师，指导了来自重庆市巴蜀中学、南开中学、育才中学、重庆一中、重庆八中、西南大学附属中学等顶尖中学的多名优秀高中生参与科研训练计划。每名学生均在导师的引领下参与了完整的科研项目，顺利地完成了自己的科研课题。

进阶式全链条覆盖，构建项目导向型培养模式

▲ 王煜教授指导李源露同学进行XRD测试操作

王煜教授着眼于为国家培养未来拔尖科技创新人才，引导学生树立远大的科学志向，基于项目导向型的培养模式，根据“英才”学生的兴趣和潜力制订方案。项目研究主要集中于可再生清洁能源的催化转化领域，注重学生对应用价值和创新的理解，以项目课题为主导，进行进阶式、多样化的科创教一体化培养。基于学生们的能源储存转换兴趣，王煜教授统筹规划，并安排助教老师“一对一”带领“英才”学生开展共同的科学兴趣研究，使学生对化学学科知识有较为深入的认识，体验并掌握完整的科研过程。研究工作的开展主要围绕前期的兴趣挖掘、基础掌握，到中期的阅读文献、选题、设计实验、开展实验、数据处理与分析，到最后的总结复盘、分享交流。

科研与实践同向同行，形成塑行与强能的育人合力

“英才”计划开展前期，王煜教授团队进行了线上线下见面会，主要以启发式提问和共同探讨为主，了解学生基础知识水平和科研兴趣爱好，引导学生敢于大胆假设和猜想，认真求证，不断试验。例如，提问氢气的用途和目前的生产方式，以及电解水的微观世界里的分子是如何运动而产生氢气的。培养学生把微观世界的想象放大到实验中制备催化剂的主线，再放大到宏观的应用及研究价值层面。团队结合科研背景和实操，通过学生个人倾向和导师意见双向确定学生的研究课题。此外，学生们还在交流会中分享科研趣事及研究生活的感悟，参观重庆大学校园和科研环境，亦师亦友的交流有助于学生在积极的氛围中一点点感知科研的乐趣。随后，团队开展集中通识培训和预备基础知识培训，不断引导学生建立“理论+实践”的思想，为后续实践打下基础。项目执行中期，团队以C构思（Conceive）、D设计（Design）、I实现（Implement）、O运作（Operate）实验模式进行项目驱动和指导。学生通过大量的文献调研及阅读，了解课题背景，学习基础实验方法，并进一步同导师交流下一步研究的开展。助教老师们带领学生们进行实验室安全培训，熟悉实验室及各种基础实验设备，介绍即将开展的初步实验的基本原理与基础知识，讲述研究方

▲ 王煜教授团队对学生进行实验室安全培训

向和实际应用的联系。导师指导学生建立长期性学习讨论组，及时解答疑惑。导师鼓励学生要敢于大胆假设和猜想，认真求证，不断试验。学生们进行实验操作，并进行材料的表征及性能测试等。以学生为主体独立操作、记录、观察，及时发现问题，主动与导师反馈交流，一起提出创新性的解决方案。同时，他们在日常培养过程中定期开展线上组会讨论和交流。导师在后期阶段为学生培养考核及总结复盘，为每位“英才”学生整理培养日志、撰写学习材料，供业余时间巩固。导师鼓励学生学有余力可以参加相关科研创新比赛和夏令营，培养学生的创造性思维及应用型探索能力，以加深理解理论知识，了解与生活生产相关的应用发展。

▲ 王煜教授团队与学生交流科研课题

科研成果助推，加强科技竞赛激励机制

王煜教授与团队的研究生共同组建了一支学生培养队伍，对学生们进行了完整链条的科研培训，包括文献调研、课题思路制订、实验操作合成，以及最后的数据分析和成果撰写。每期经过一年的科研培养，学生们充分领悟了化学的魅力，亲身体验了科研生活，具备了基本的科研能力，开阔了视野。理论教学结合实验操作，学生们将高中所学的基础知识进行了巩固和升华，综合能力和科研素养都得到了显著提升，在成为精知识、懂实践、通科研、强应用的

创新型人才的道路上迈出了坚实的一步。学生们的研究数据和结果对相关领域研究有积极的正向创新价值。其中，来自西南大学附属中学的田聃苧同学参与的项目为“催化剂纳米粒子的合成以及电化学催化剂基本性能的测试和表征”，以合作作者的身份将科研成果发表在国际环境能源领域顶级期刊 *Applied Catalysis B: Environmental*（SCI 一区，影响因子 24.319）上；来自重庆一中的谭力行同学参与的项目为“探索一种高性能的碲化钴析氢催化剂”，以合作作者的身份将科研成果发表在 *Applied Catalysis B: Environmental* 上。重庆八中的邹沐言同学获得了 2023 年第 36 届中国化学（重庆市）奥林匹克初赛一等奖的优异成绩；重庆南开中学的侯宇桓同学参加 2024 年青少年高校科学营北京大学分营，获得了科学成果展示竞赛优胜奖。

《大学》中说：“欲正其心者，先诚其意。欲诚其意者，先致其知，致知在格物。”王煜教授教导学生要穷究事物原理，从而获得知识，在学术道路上要勤奋、谨慎、踏实，与学生教学相长，亦师亦友。学生们在沉浸式体验科学研究氛围、深度参与科研活动实践的过程中，激发了科学兴趣，提高了创新能力，增强了科研信念，树立了科研报国的志向。

以学生为本，助推祖国花朵的绽放

东北大学　王兴伟

导师简介

王兴伟 供职于东北大学，担任“中学生英才计划”计算机学科的导师。国家杰出青年科学基金获得者，国务院政府特殊津贴获得者，教育部新世纪优秀人才，辽宁杰出科技工作者，兴辽计划特聘教授，辽宁省优秀教师，沈阳五一劳动奖章获得者，中国计算机学会互联网专委会主任，中国计算机学会理事、会士，中国通信学会会士，会士遴选委员会委员。获国家科技进步奖二等奖、教育部科技进步奖一等奖、辽宁省技术发明奖一等奖、中国计算机学会科技进步奖一等奖、国家教学成果二等奖、辽宁省教学成果特等奖等 30 余项。

高效地助推从众多中学中精挑细选出的优秀学生快速成长，在今后能够成为堪当大任、敢于创新、勇于实践的高素质专业人才，在世界新一轮科技革命和产业变革的大背景下为祖国的建设贡献力量，是每名导师所应承担的责任和义务。通过对“中学生英才计划”培养过程的认真反思，王兴伟教授认为“以学生为本”是取得良好培养效果的关键。

全面透彻了解学生，让培养工作有的放矢

及时全面地了解、分析和研究学生，是培育好学生的前提，是做好“英才”培育工作的基础和必要条件，是导师工作的基本内容和方法之一。导师只有充分全面地了解自己的每名学生，才能在培育过程中以人为本，因材施教，更好地去引导和助推学生的成长。培育目标的制订、培育措施和途径的选择等都需基于对每名学生全面透彻的了解。

成为“英才”导师的那一刻起，王兴伟教授的首要工作就是要走进学生的心灵深处，他要与学生们建立起一种亲密的师生关系，让他们愿意走进他、了解他，从而愿意和他共同探索计算机科学领域方面的问题。他经常与学生及家长进行亲切的座谈，循循善诱，真诚了解学生及家长参与“中学生英才计划”的初衷和关于培养学习的初步想法，使学生及家长对他产生亲切感。除了经常进行座谈交流外，他不论多忙，也要抽出时间亲自参与学生培

▲ 王兴伟教授对学生进行专题培养

养，这样可以通过平时培养过程中对学生的细心观察，了解他们在学习、课题实践、课外活动等各个方面的情况。通过这样经常性的交流活动，他对学生已具备的知识基础和能力有了准确的判断，确定了他们的学识水平，有效避免了培育的盲目性。同时，他又全面把握了学生的学习习惯和学习兴趣，从而有的放矢地指导他们明确学习目的、掌握学习方法、锻炼实践能力。

科学制订培养方案，有效激发学科兴趣

适合的才是最有效的。要真正实践“以学生为本”的教学，就必须要制订适合各学生现状的培养方案。由于这些学生来自辽宁省实验中学和东北育才学校两所非常好的中学，学生本身在校学习的知识量与信息量均较大，对计算机领域知识掌握的难度较大，学业压力也较大。基于该现状，王兴伟教授制订了较为灵活的“三式”培养计划，在培养过程中混合使用了讲座式、答疑式和参与式。其

▲ 王兴伟教授指导学生

▲ 王兴伟教授送书给学生

中，讲座式是由王兴伟教授本人及团队讲授计算机领域的基础知识和热点知识；答疑式是根据学生的具体需求，安排有关教学；参与式则是学生积累必要知识后，安排学生参与到本团队的有关研究方向中，以“观察员”的身份了解学生感兴趣的研究方向，让学生参与体会研究热点、研究方法、开发方法、实验环境、实验方法等，等到时机成熟时，通过科研介入，让学生真实参与项目研究，争取对论文发表、专利申请、软件著作权申请做出贡献。这些学生虽然均对计算机科学表现出了较大的兴趣，但对整个学科也仅有较浅显的认识，缺少全面、系统的了解和基础的开发能力。为此，王兴伟教授在制订培养方案时，特别注重学科基础知识的培养，加大了对学生学科前沿知识的培养，以此来激发他们的学科兴趣，开阔他们的视野，锻炼他们的能力。

多维度知识普及，助力学生全面成长成才

培育目标的达成，基于每一项培育活动的开展和培育措施的实施。学生的发展是一个循序渐进的过程，只有全面地了解学生各方面的情况，才能使培育工作更具有科学性、针对性和实效性，才能做到“以学生为本”，避免工作的盲目性和简单化。为此，需要在培育过程中充分考虑每名学生的现状和需求。不同的学生需要有不同的学习进度、不同的答疑模式和不同的课题参与方式和指导方式。鉴于学生对计算机学科的认知基础不高，“中学生英才计划”安排了多次计算机基础知识的讲座，内容涵盖信息科学涉猎的主要领域、基本研究方法与开发手段、主要研究领域等。例如：计算机基础知识、计算机组成原理的相关知识；C++程序设计，包括语言特征和基本语法、面向对象程序设计的基本原理和基本技术；数据结构，包括数据结构的思想和具体的实现方法，特别是数据结构在实际工作中的应用技术；等等。海量的知识分

享打通了计算机基础学科知识的各分支领域，形成了有效的知识树。通过基础知识讲座的安排，学生们掌握了计算机的基础知识，锻炼了面向对象的编程思想，初步具备了设计、开发较复杂应用程序的能力，为以后的程序设计竞赛及计算机相关专业的学习打下了基础。

▲ 王兴伟教授为学生授课指导

实时解答 + 实战演练，真正做到“以学生为本”

鉴于学生在计算机学习过程中可能出现各种疑问的情况，王兴伟教授及他的培养团队花了较大精力对学生们提出的各种问题进行了实时解答。同时，针对每名学生不同的能力和时间安排，团队指导学生们参与了不同的实际研究课题；团队通过鼓励学生们参与课题组的研讨会，让学生对计算机学科前沿有了清晰的了解；团队通过鼓励和引导学生们参与实际课题，使学生有了亲身参与学科前沿研究的经历，锻炼了学生解决复杂问题的能力、分析与设计能力和实际动手能力，为以后参与到相关学科的研发中打下了较扎实的基础。有两名学生参加了 CCF 中学生程序设计竞赛，而王兴伟教授团队多次指导学生参加 ACM 竞赛并获奖，因而有着丰富的经验，对学生在竞赛题目上的疑问进行了认真的解答，让学生们有机会在更高水平的竞赛平台上检验自己的编程能力和计算机水平。

一年的培养工作很快结束，王兴伟教授和学生们在这一年里培养了深厚的情谊，他很开心有这样一群精力充沛、活力满满的孩子们陪伴，也很荣幸有这样一种身份，让他以一种别开生面的方式与“英才”学生们近距离交流，非常欣喜于他们热爱计算机学科，非常感动于他们热衷于相关问题的研究与探索。未来，在“英才”培养过程中，他还将一如既往地坚持“以学生为本”，激发学生们对计算机学科的浓厚兴趣，培养他们高度的学习热情和主动性，助推祖国花朵的绽放。

启迪智慧，点亮未来

中国药科大学　李家璜

导师简介

李家璜 供职于中国药科大学，担任“中学生英才计划”生物学科的导师。主持国家自然科学基金面上项目 1 项、江苏省自然科学基金 1 项；获国家发明专利授权 1 项，国家发明专利 2 项；参与编写教材 3 部；作为主要完成人获得 2019 年教育部技术发明奖一等奖、2018 年中国发明协会发明创业成果奖一等奖；发表英文 SCI 论文 20 余篇。多次指导学生在青少年科技创新大赛中学生创新项目中获奖。

中学生作为国家未来的科技创新主力军，其科技素养和创新能力直接关系到国家的长远发展。在生物技术快速发展的今天，生命科学领域正面临前所未有的机遇与挑战。作为一名长期从事生命科学教学与研究的高校教师，李家璜教授一直在探索如何更好地发掘和培养年轻一代的创新潜能，如何更好地播撒科学探索的种子。

启迪兴趣，赋能成长

在“中学生英才计划”培养过程中，李家璜教授坚持“激发兴趣，培养能力”的培养理念，即通过激发学生的兴趣来培养他们的能力。通过多年的实践，李家璜教授发现兴趣是推动学生深入学习和探索的关键动力。因此，李家璜教授培养的第一步便是激发学生的好奇心和探索欲。

参加培养计划的学生都对生物学有浓厚的兴趣，然而大学的生命科学研究和中学生所理解的生物学存在巨大的差异，因此转化思维方式是非常重要的。在设计学生的项目时，既考虑到高中生物学的深度，避免过于专业和高深，将大学研究与中学的生物学知识相结合，有目的地引导学生学习、思考和研究。

例如，高中生物教学中的中心法则是一个很好的切入点，这涉及基因和蛋白质的基础知识。可以让学生利用生物信息学技术，分析基因功能与疾病的关系，探讨治疗前景；也可以利用计算机模拟和分子生物学技术，分析和改造蛋白质。这些研究可以帮助学生更好地理解和掌握中学的生物学知识，而且这些项目具有重要的生物或医疗应用前景，又是目前科研的热点和前沿，既能够引起学生的兴趣，又能让他们了解科学研究的实际应用。

此外，生物信息学等计算生物学技术的应用，也有助于学生在家庭和中学校园封闭的环境中独立进行研究，培养他们的独立科研能力和科研思维。

激发潜能，塑造全面发展的人才

1. 学术能力与科研感悟

李家璜教授团队的培养体系包括基础科学知识讲解、前沿科技动态介绍、动手实践操作等多个模块。在每次项目开始之前，李家璜教授会专门为中学生开设课程，讲解相关的基础知识和应用实例。团队会从中学生熟悉的中心法则入手，讲述基因和蛋白质的功能及其应用，并引入最新的生物医药技术进展，如合成生物学、生物信息学、人工智能机器学习等内容。通过这种方式，让学生们了解自己所学的知识是如何应用于实际研究中的，从而增强学习的动力。团队还会组织学生参观科研院所和实验室，与科研人员、老师和研究生面对面交流，让中学生亲身体验科研过程，感受科学的魅力。

2. 实践能力与国际视野

在学生培养期间，团队指导学生阅读科学文献，建立科研思维。为了让学生更好地理解抽象的理论知识，团队采用基于项目的培养模式，通过参与科研项目，学生能够在实践中学习科研方法，培养解决问题的能力，让学生有机会亲手操作实验器材，体验科学研究的乐趣。团队鼓励学生围绕某一主题开展科研实践，进行深入探究。例如，在充分考虑到学生的知识水平和接受能力的情况下，基

▲ 李家璜教授为学生进行讲解

▲ 李家璜教授与学生交流选题

▲ 李家璜教授讲解文献

于肿瘤数据库分析探讨疾病与疾病的关系，或者利用计算机技术和分子生物学技术进行蛋白质的改造研究。这些方法不仅锻炼了学生的动手能力，还培养了他们解决问题的综合能力。此外，2024年诺贝尔化学奖授予了蛋白质结构预测和设计方面的研究，这也反映了李家璜教授所采取的方法与当前国际科研前沿高度契合。

激发中学生生物医药兴趣的策略及挑战

上述一系列措施的实施已经有了一些成效。许多学生在参加了相关培养之后，对生物医药领域产生了浓厚的兴趣。通过系统的教学，学生们掌握了生物学、化学等基础科学知识。由于经常阅读生命科学领域的最新研究成果和技术进展，学生的知识视野拓宽了。李家璜教授指导学生使用生物信息学工具进行数据分析，培养了他们的数据处理能力。更重要的是，学生们的自主学习能力和团队合作精神有了显著提升，在研究项目中展现出了创造性思维和解决问题的能力。很多参与“中学生英才计划”的学生决定大学报考与生命科学相关的专业。

在这个过程中，李家璜教授团队也遇到了不少挑战。中学生面临着较大的学业压力，如何在保证学业成绩的同时，激发和培养他们对科学的兴趣，是一个难题。科研项目的难度往往超出了中学生的知识范畴，如何设计适合他们接受程度的课程，是一个需要解决的问题。中学生的时间有限，如何在有限的时间内最大化地激发他们的潜能，是一个挑战。

▲ 李家璜教授与学生进行交流

李家璜教授团队通过设计与学生学业相结合的科研项目，使得学生在参与科研的同时，也能够巩固和扩展他们的学业知识。团队还提供了灵活的时间安排，以适应学生的学业进度。同时，团队还提供了个性化指导，确保每名学生都能在适合自己的水平上得到提升。团队还通过优化项目流程，减少不必要的环节，确保中学生能够将时间集中在最关键的学习和研究上。

▲ 学生在独立分析数据

创造中学生科技人才培养的新纪元

科技是第一生产力，而人才是科技创新的核心。教育工作者肩负着为国家输送优秀科技人才的重任。面向未来，李家璜教授将继续探索和完善中学生科技后备人才培养的有效模式，以适应不断变化的科技教育需求，为中学生科技后备人才的成长铺平道路，共同迎接生物医药领域的美好明天。

李家璜教授相信，通过不断的努力与探索，一定能够为青少年科技创新教育注入新的活力，培养出更多具有创新能力和科研精神的优秀人才，为我国的科技进步贡献一份力量。

拓宽科学视野，增强自主性和内驱力

辽宁师范大学　刘魁勇

导师简介

刘魁勇 供职于辽宁师范大学，担任“中学生英才计划”物理学科的导师。历任辽宁大学物理学院院长、研究生院院长，现任辽宁师范大学副校长、沈阳市政协委员、辽宁省物理学会副理事长、辽宁省青少年科技辅导员协会理事长。长期从事重夸克物理唯象学领域的研究工作并取得突出成绩，单篇论文被引用超 400 次。

着眼未来，拓宽科学视野

青少年是国家和民族的希望。梁启超先生 100 多年前在《少年中国说》中提出“少年智则国智，少年强则国强”，少年儿童是祖国的未来，应争做爱党爱国、自立自强、奋发向上的新时代好少年，努力成长为堪当强国建设、民族复兴大任的栋梁之材。

基础科学是国家创新能力和核心竞争力的重要组成部分，在中国特色社会主义进入新时代之际，对青少年的基础科学的培养显得尤为重要。

在辽宁省科协、省教育厅组织下，辽宁大学物理学院承担了“中学生英才计划”辽宁省物理学科培训培养工作。刘魁勇教授作为学生导师全程参与了该项目。

格物穷理，增强学生内驱力

物理学是研究物质最一般的运动规律和物质基本结构的学科，是公认的基础科学之一，其成果对技术科学和生产技术起指导作用。物理学是中学必修课，也是大学众多理工科专业的必修基础课程之一。刘魁勇教授团队以“中学生英才计划”物理学科培训为契机，致力于激发学生对于科学的兴趣，培养学生的科学观和科学思维。

▲ 刘魁勇教授指导学生做磁场测量的实验操作

刘魁勇教授主要着力于拓宽学生科学视野，使其了解科学前沿发展方向，提升学习的自主性和内驱力。中学生已经学习了一些物理学的基础知识，对于物理学有了一定的了解，但是他们对于现代物理学的研究前沿，即现代

物理学面临的主要困难、解决困难的主要途径和手段、物理学在生产生活中的具体应用等方面的了解不足。拓宽学生科学视野，了解科学发展前沿方向，可以有效激发学生们对于本学科的兴趣，有效增强其学习、研究的内驱力。

见微知著，探索英才培养模式

在物理学院的组织协调下，刘魁勇教授在物理学，尤其是粒子物理方向组织了导师团队。导师团队涉及粒子物理理论研究与实验研究等各个方向。在前期培养阶段，导师团队成员以在线的方式，向学生介绍了粒子物理各个研究方向的内容、科学前沿和研究手段。理论研究方向主要以数理方法为主，研究、揭示物质基本组成及其相互作用；而实验研究主要基于大科学装置等方法对上述问题开展研究。两个方向的研究目的一致而手段有所区别。通过这种较为独特的培养模式，导师团队希望帮助学生在物理学领域建立起理论与实验的联系和逻辑自洽性。导师团队也向学生们简明扼要地介绍了近年来获得诺贝尔物理学奖的最前沿科学成果，以期望学生能够对物理学前沿发展有较为整体的了解，进一步激发他们对物理学的热情。

纸上得来终觉浅，绝知此事要躬行。在暑期集中培训营阶段，导师团队为学生们开设了“碰撞打靶”“落球法测定液体在不同温度下的粘滞系数”“X 射线衍射仪与材料物相分析”“VR- 卢瑟福散射实验”“斯特恩盖拉赫虚拟仿真实验”等 11 项实操科学实验，让“中学生英才计划”学生们切实动手做书本上的实验，使得他们对大学物理、近代物理、固体物理、粒子与核物理等专业课程有了进一步的了解，并且提升了动手能力，锻炼了自主发现问题、分析问题、解决问题的能力。

导师团队针对学生的个人兴趣及导师的研究专长，有针对性地开展专题研究。研究内容既包含暗物质、中微子等最前沿内容，也包括粒子加速器、核医疗仪器原理等。由于中学生掌握的数学工具

▲ 刘魁勇教授做培训营致辞

和物理知识有限，导师团队在研究专题中尽力避开超出学生能力的公式推导和数学计算，主要开展前沿调研和计算机模拟研究等，让学生全面了解科学研究的过程和基本方法，激发他们兴趣的同时，不让过度超出他们能力的数学工具和理论打击其学习和研究的热情。导师团队也适时介绍了我国物理学家及我国主导的大科学装置在学科前沿取得的一系列卓越成果，提升学生的民族自豪感，帮助学生树立爱党爱国的价值观。在专题研究结束后，导师团队也适度与学生保持联系，力争成为学生们成长路上的良师益友。

经过导师团队的培养，学生们的逻辑思维能力、动手能力、解决问题的能力都得到了大幅提升，增强了对基础科学的兴趣。导师团队也协助学生建立了自身兴趣与科研方向的联系，增强了他们的自信心，激发了创造力。

“中学生英才计划”让中学生们有机会“提前”走入大学课堂，切实了解到中学教科书之外的科学知识和技术手段，拓宽了眼界。百年大计，教育为本。“中学生英才计划”培养了一批具有学科特长和创新潜质的优秀中学生，为国家科学技术的发展输送了后备力量。愿更多学生能够加入“中学生英才计划”，愿更多青少年未来能够投身国家前沿科研事业，愿祖国更加繁荣昌盛！

▲ 培训结束后刘魁勇教授与部分学生在辽宁大学物理学实验室合影